AF339416

Bordier del.

**Henri de Mondeville.**
(d'après un manuscrit de la Bibliothèque Impér.)

E. Rembielinski sculp.

Henri de Mondeville.
(d'après un manuscrit de la Bibliothèque Impér.)

# HENRI

# DE MONDEVILLE

CHIRURGIEN DE PHILIPPE-LE-BEL, ROI DE FRANCE

PAR

M. Achille CHEREAU

DOCTEUR EN MÉDECINE

PARIS

CHEZ AUGUSTE AUBRY, LIBRAIRE

RUE DAUPHINE, 16

—

1862

*Extrait du XXV<sup>e</sup>. volume des Mémoires de la Société des Antiquaires de Normandie.*

# HENRI

# DE MONDEVILLE,

CHIRURGIEN DE PHILIPPE-LE-BEL, ROI DE FRANCE.

Il y a un fait bien remarquable et bien digne d'attention dans l'histoire de la chirurgie en France : c'est l'arrivée à Paris, vers la deuxième moitié du XIII$^e$. siècle, de plusieurs chirurgiens-médecins fameux de l'Italie, qui, chassés de leur pays par la rivalité des Guelfes et des Gibelins, se réfugièrent sur notre sol et y apportèrent les œuvres du célèbre Albou-Kasis, qu'on regarde comme le restaurateur de la chirurgie.

Ces chirurgiens italiens, parmi lesquels il faut compter Roger de Parme, Bruno de Calabre, Lanfranc de Milan, Thadée de Bologne, religieux de l'Ordre des Frères Prêcheurs, puis évêque de Cervia, dans la Romagne ; Hugues de Lucques, Nicolas de Florence, Guillaume de Salicet, et les *Quatre Maîtres* (communauté de quatre chirurgiens, sortis probablement de l'École de Salerne (1), vivant à Paris sous le même toit, également remarquables par leur savoir et leur

_______________

(1) Malgaigne, *Ambroise Paré*, Introduction.

probité, dévoués par une charité active au soulagement des pauvres et des infirmes), — ces médecins-chirurgiens, disons-nous, qui joignaient à leur expérience personnelle la connaissance de quelques-uns des documents scientifiques que la Grèce et Rome nous ont légués, trouvèrent dans la capitale, où ils étaient venus s'établir, la pratique de la chirurgie dans le plus pitoyable état. Cette belle science, sœur jumelle de la médecine, en avait été séparée, vers le commencement du XI<sup>e</sup>. siècle, soit par caprice, soit parce que le même homme ne pouvait faire face aux nombreuses obligations que les deux fonctions réunies lui imposaient, soit par la répugnance des médecins, revêtus pour la plupart d'un caractère sacerdotal, à se servir des instruments tranchants et à répandre le sang : *Ecclesia abhorret a sanguine.* Car, il n'est pas permis d'en douter, jusqu'à Avicenne, dont on rapporte la naissance à l'année 980 de notre ère, les maîtres de l'art exerçaient tout à la fois l'une et l'autre branche de la science (1).

Qu'arriva-t-il de cette séparation prématurée et imprudente de la chirurgie et de la médecine? C'est que les médecins ou physiciens, qui étaient tous clercs et attachés à la prêtrise, après s'être

(1) Guy de Chauliac, en 1363, avance ce fait, corroboré, du reste, par les écrits d'Hippocrate, de Galien, de Celse, de Paul d'Égine, d'Albou-Kasis et de beaucoup d'autres.

ainsi affranchis de la partie manuelle ou opératoire de l'art, finirent peu à peu par confier l'exercice de la chirurgie à des laïques non-lettrés, qui d'abord ne furent chargés, sous leur propre responsabilité, que des opérations sans importance, mais qui ne tardèrent pas à aborder la grande pratique, sans souci de leur ignorance et de leur impéritie.

L'histoire contemporaine montre à quel état de dégradation était tombée la pratique chirurgicale, livrée aux mains de charlatans, d'empiriques, qui ne professaient aucune doctrine et ne s'appuyaient sur aucune donnée scientifique. C'étaient des barbiers, des sorciers, des devins, des ermites, des fourbes, des faussaires, des alchimistes, des courtisanes, de vieilles femmes, des Juifs convertis, des Sarrasins, qui pendaient effrontément à leurs boutiques les bannières de la chirurgie, dont ils trafiquaient en l'avilissant (1).

Qui ne sait que saint Louis et Philippe-le-Hardi accordèrent toute leur confiance à un misérable barbier-chirurgien, Pierre de La Brosse, que son imprudente astuce fit monter jusqu'à la dignité de

______

(1) Voir un édit de Philippe-le-Bel, du mois de novembre 1311, aux Archives générales de l'Empire, J. J. 46; charte 26, fol. 20, r°. — Voir encore deux réglements contre les chirurgiens de Paris, dans le *Livre des métiers* d'Étienne Boileau, édit. de Depping, 1837; in-4°., p. 419.

chambellan, et qui finit par échanger les hautes régions de la Cour contre le gibet de Montfaucon ?

Les médecins-chirurgiens, venus si opportunément de l'Italie en France, comprirent la pente fatale sur laquelle était entraînée la chirurgie et résolurent de venir à son secours. Ils ne craignirent pas, eux pourtant qui sortaient pour la plupart des cloîtres ou des églises, et qui comptaient parmi eux un grand prélat, de réhabiliter la partie opératoire de la médecine, de rattacher la chirurgie à la science par les liens indissolubles, et de ne laisser aux barbiers que les opérations banales qui ne demandent, pour être exécutées, que de l'habitude et de l'habileté dans la main.

« La chirurgie est un instrument de la médecine, écrit Bruno de Calabre. Toute médecine se compose de trois choses : du régime, de l'administration des médicaments et de la chirurgie...... Il faut que les chirurgiens soient des hommes lettrés. » — « La chirurgie, s'écrie à son tour Guillaume de Salicet, fait essentiellement partie des sciences spéciales dont se compose la médecine. La chirurgie n'est pas seulement l'habileté de la main; c'est en outre une faculté de l'esprit. « Pour Lanfranc, la chirurgie est « scientia medicinalis qua docemur operari cum manibus in humano corpore, secundum instrumentum theoricæ medicinæ. » L'illustre chirurgien de Milan a le soin d'ajouter à cette définition que le chirurgien doit être non-seulement muni de connaissances médicales, mais avoir encore fait de profondes études philosophiques.

Les médecins clercs de Paris et de Montpellier suivirent avec empressement l'impulsion qui leur était donnée par les chirurgiens italiens ; beaucoup d'entr'eux prirent la plume pour défendre les droits de la chirurgie, et parvinrent, dans une certaine mesure, à la réhabiliter.

Or, parmi les médecins-chirurgiens français, l'honneur des XIII<sup>e</sup>. et XIV<sup>e</sup>. siècles, Henri de Mondeville occupe la première place, non-seulement par le bénéfice de la priorité, mais encore par ses talents et la haute position qu'il occupa, tant dans l'enseignement que dans l'ordre social. Nourri à une saine école philosophique, l'esprit enrichi par la lecture de quelques auteurs de l'antiquité, savant en médecine, familiarisé avec la chirurgie qu'il enseigna tout en la pratiquant, chirurgien autorisé à la Cour de France, ennemi implacable du charlatanisme et de l'empirisme, homme de science avant tout, d'un caractère indépendant, quelque peu frondeur même ; champion toujours prêt lorsqu'il s'agissait de combattre les erreurs du peuple, les sottises des grands, les prétentions médicastres du clergé, les folies des alchimistes ; tel fut le personnage trop peu connu dont nous

allons nous occuper, et qui ne peut guère être mis
au-dessous de Guy de Chauliac, quoique ce dernier chirurgien lui soit postérieur de plus de cin-
quante ans. Il a laissé à la postérité, qui doit le
juger, des pages mémorables sur lesquelles nous
appelons toute l'attention de nos lecteurs. Ces
pages sont restées inachevées, car leur auteur,
épuisé par la maladie, emporté avant l'âge par les
ravages d'une phthisie pulmonaire, dont il suivait
lui-même pas à pas les progrès, n'a pu terminer
son travail ; mais ce que nous en possédons suffit
pour apprécier ce savant homme, et lui rendre la
place qu'il mérite si bien.

Disons d'abord quelques mots de biographie sur
cette remarquable figure du commencement du
XIV⁰. siècle ; étude qui restera nécessairement
incomplète, tant sont nuls et erronés les ren-
seignements fournis par les historiens, tant sont
fugitifs et mal dessinés ceux que nous donne lui-
même notre médecin-chirurgien.

Henri de Mondeville (1) était originaire de la
Normandie, et il est très-vraisemblable qu'il vit

(1) Le nom du lieu où il est né se trouve écrit de douze manières
différentes : *Mondeville*, *Mundeville*, *Mondaville*, *Mundaville*, *Her-*
*mondaville*, *Amondaville*, *Amundaville*, *Amandaville*, *Mandeville*,
*Armandaville*, *Armendaville* et même *Amanda ville*. Nous sommes
convaincu que c'est bien Mondeville qu'il faut écrire. C'est ainsi qu'il
est désigné dans le Catalogue des mss. de l'ancienne bibliothèque du

le jour dans le petit village de Mondeville, à quatre kilomètres de Caen.

On ne sait rien des premières années de sa vie, ni des circonstances auxquelles il dut de pénétrer à la Cour de France et d'être compté, comme chirurgien, parmi les commensaux de Philippe–le–Bel. L'influence et le crédit d'un autre chirurgien fameux de cette époque, de Jean Pitart, son maître, son compatriote et son ami, ne furent, sans doute, pas étrangers à cette élévation.

On s'est beaucoup occupé de ce Jean Pitart, ou Jean Picard, que la tradition et une inscription, gravée autrefois sur le fronton du collége de St.-Côme, nous représentent comme premier chirurgien de saint Louis, accompagnant ce prince en Palestine, fondant dès l'année 1278, le collége de chirurgie, et mourant en 1315 âgé « d'au moins quatre-vingts ans. » Il serait, pourtant, facile de prouver par des faits irrécusables : 1°. que Jean Pitard, originaire de Normandie, n'a jamais été

Louvre, dressé en 1373 par Gilles Mallet et publié par Van Praet. Dans le rôle d'une taille extraordinaire prélevée sur les habitants de Paris, en 1313, nous voyons, parmi les contribuables, un Guilaume de Mondeville, parent peut-être du chirurgien royal. Il est facile d'expliquer ces divergences dans la manière d'écrire le nom, que les copistes ont pu défigurer, comme ils en ont altéré tant d'autres, en amalgamant, par exemple, le prénom *Henri* avec le nom de lieu *Mondeville* et en faisant ainsi *Hermondaville*. N'ont-ils pas écrit *Allanfrancus* ou *Anlanfrancus* pour *Lanfrancus ?*

chirurgien de saint Louis, et que « c'est par une vieille cabale, » selon l'expression de Pasquier, que les chirurgiens ont revendiqué le saint roi pour leur patron; 2°. que son entrée à la Cour de France ne date que de Philippe-le-Bel, et qu'il fut aussi attaché aux rois Louis X, Philippe V et Charles IV (1); 3°. que son voyage en Palestine est imaginaire; 4°. qu'il ne mourut pas en 1315, comme on l'a partout répété, mais qu'il vivait encore en 1326, ainsi que le constate une charte de cette année (2); 5°. que saint Louis n'est pas le fondateur du collége de chirurgie; 6°. que le plus ancien acte *authentique*, relatif à l'organisation des chirurgiens de Paris en société, ayant un chef, des statuts, ne date que de l'année 1311, plus de quarante ans après la mort du saint roi, où l'on voit les maîtres chirurgiens jurés convoqués par Jean Pitart, chirurgien au Châtelet de Paris (3).

Mais il n'est pas moins vrai que Jean Pitart n'est pas « une de ces renommées fantastiques, qui, comme ces héros de la Cour de Charlemagne, tiennent bien plus de place dans la fable que dans

(1) Voy. des tablettes de cire portant l'année 1278; dans Cocchi : *Discorsi Toscani*, 1761; in-8°.; 2°. partie, p. 21. Voy. encore un compte de la maison du roi, année 1313, dans Ludewig : *Reliq. manuscr.*, etc.; 1741, in-8°., t. XII, p. 21.

(2) Arch. imp. J. J. 65; charte 284; fol. 200, r°.

(3) Arch. imp. J. J. 46; charte 26; fol. 20, r°.

l'histoire, » et qu'il fut bien un célèbre chirurgien
du commencement du XIV<sup>e</sup>. siècle , très-accrédité
à la Cour de France , y tenant le premier rang ,
et paraissant être l'auteur d'un recueil intitulé :
*Trésor de chirurgie* , recueil perdu aujourd'hui ,
mais dont on retrouve des traces dans le n°. 7,949,
S. F. 4°. des manuscrits de notre grande bibliothèque
de Paris. Ce manuscrit contient : 1°. la fin des
*voyages* de Hayton , de l'ordre des Prémontrés , en
1307 ; 2°. un *traité de chirurgie hippiatrique* , par
un anonyme ; 3°. enfin , des extraits du *Trésor de
chirurgie*. Le nom de Pitart y est plusieurs fois
cité à l'occasion de recettes d'emplâtres, d'onguents,
et de toiles pharmaceutiques , qu'il avait inventés
pour la guérison de plusieurs maladies. On y lit,
en rubrique : *C'est l'extrait maistre Jehan Pitart ;
l'emplastre qui s'ensuit est appellée l'emplastre
maistre Jehan Pitart ; c'est l'histoire de maistre
Jehan Pitart contre toutes bléceures de bras et
jambes , et en autres lieux , et en ot la recepte du
roi de France...... Monseigneur de Valois , comte
de Chartres , d'Alençon et d'Anjou fist faire cest
livre , qui est bon et proufitable pour guarir toutes
playes vieilles et nouvelles.* Or , Charles de Valois,
dont il est ici question , n'est autre que le frère de
Philippe-le-Bel. Enfin , le copiste de ces extraits
du *Trésor de cyrurgie* désigne encore Jean Pitart
par le nom de *Jean d'Aulnay*. Or , comme Jean

Pitard était normand, nous supposons qu'il était originaire du village d'Aunay, à quelques lieues de Caen. Dans le courant de l'année 1603, de La Noue, en visitant une maison de la rue de la Licorne, derrière l'antique église de la Madelaine, ne fut pas peu surpris de lire sur la margelle du puits de cette maison l'inscription suivante :

> Jehan Pitar en ce repaire
> Cyrurgien du Roy fist faire
> Ce puits en mil trois cens dix
> Dont Dieux luy doint son Paradis.

Nous ajouterons que le nom de Pitart se lit parmi les 1,500 contribuables qui payèrent la taille de Paris en 1292; il fut taxé pour son compte à 20 sous parisis, et demeurait à cette époque dans la rue Notre-Dame. Or, comme les officiers domestiques de la maison du roi de France étaient, ainsi que les membres de la noblesse et du clergé, et les écoliers de l'Université, exempts de la taxe, il est facile de voir que Pitart, qui figure dans cette contribution de l'année 1292, n'avait pas encore mis le pied à la Cour de France.

En l'année 1307, Jean Pitart était dans toute la splendeur de sa renommée. Henri de Mondeville le cite plus d'une fois, et le qualifie de « chirurgien du roi, *peritissimus et expertissimus in arte cyrurgiæ.* » Il rappelle que tous deux, grâce à leur réputation auprès du monarque, et des

principaux de la Cour ( *famosi apud regem et re-
gales* ), et à leur qualité de gens de lettres; grâce
aussi à la faveur dont ils jouissaient auprès de
Charles de Valois, frère du roi de France, ils
purent faire revivre la méthode discréditée de
Théodoric dans la cure des plaies. Il décrit la
manière de préparer un emplâtre qu'ils avaient
imaginé en commun, et qui était très-efficace dans
les fractures du crâne. Il rappelle, enfin, avec
assez de détails, une observation de nez coupé
presque complètement, ne tenant plus que par
quelques fibres, et que Pitart réunit par un procédé ingénieux (1). L'élève, en un mot, saisit
toutes les occasions d'honorer son maître, son compatriote et son ami, de lui donner une  large part

_______

(1) Notandum quod vidi curari nasum abcisum, qui jam erat infrigidatum et livido colore, et habebat coherentiam in sola extremitate
inferiori cartilaginis, quæ est inter duas nares et non aliqua carnositate,
et dicebatur ab omnibus et medico quod debetur amputari et projici.
Tunc, advertens magister meus, Johannes Pitart, quod ibi non poterat
naso multum nocere et quod ita bene sicut tunc in crastino poterat
amputare ipsum, taliter preparavit : amputavit collum pulli, et fecit
ipsius sanguinem cadere super nasum bene et diu ; deinde superposuit
corpus pulli, scissum per medium, et tenuit ipsum supra, donec fuit
infrigidatum. Deinde fecit suturam, ut dicitur. Deinde ita fecit de quodam alio pullo, sicut fecerat de primo. Deinde, loco pulvillorum, ap-
plicuit naso corpus pulli scissum per medium et aliqua frusta alterius
carnis crastino removit et reperit nasum melioratum in colore. Eodem
modo iterum ipsum preparavit, et deinceps ipsum sicut cætera vulnera
rexit, et sic curatus fuit ( Biblioth. impér., Ms. ; fonds. latin, 7,139 ;
fol. 239, v°.).

dans le progrès de la science chirurgicale, et de payer un tribut d'éloges et de reconnaissance envers celui qui l'avait lancé dans la carrière, et, très-probablement lui avait ouvert les portes de la Cour

Henri de Mondeville, après avoir visité les villes célèbres de l'Italie, était venu étudier la médecine à Montpellier et la chirurgie à Paris, et il avait fait de tels progrès dans ces deux sciences qu'il passa bientôt maître à son tour. Il professa son art dans ces deux Universités avec un tel succès, qu'il vit se grouper autour de lui une foule d'élèves, de gens du monde et d'étrangers accourus, pour l'écouter, de tous les points de l'Europe.

L'entrée de Henri de Mondeville à la Cour de Philippe-le-Bel est antérieure à l'année 1301. Il y avait déjà seize ans que ce prince, le Louis XI du XIV<sup>e</sup>. siècle, tenait d'une main ferme les rênes du gouvernement, et, à cette époque, notre chirurgien accompagnait le monarque en Flandre, dans un voyage qu'il y fit entre le 28 avril et le 29 octobre avec la reine et ses enfants. C'est ce qui résulte de l'examen de tablettes de cire que Cocchi a lues, et sur lesquelles le nom de notre archiâtre figure parmi les commensaux de la Couronne. Il est cité trois fois, avec cette première rubrique : *Magister Henricus de Amon-*

*davilla, pro duodecies XX et XIV diebus, cum liberis regis, et in Curia, et IX diebus extra, usque ad vadia XLI l. II s. III d. habuit per J. Britonum* (1). Il partageait le service de santé de la maison royale avec trois autres chirurgiens, Jacques de Sienne, Jean de Padoue, Jean Pitart, et avec les trois médecins ou physiciens, Jean de Paris, Guillaume de Gross et Guillaume d'Aurillac, dont le véritable nom était Guillaume Bauffet et qui, nommé évêque de Paris, le 22 juin 1304, mourut le 30 décembre 1319.

Il ne fut pas étranger, tout porte à le croire, à la fondation du collége des chirurgiens, qui ne date pas de saint Louis, comme nous venons de le dire. Il ne fait, il est vrai, aucune allusion à cette organisation des chirurgiens de Paris ; mais le soin qu'il met à rappeler la position honorable et respectée des chirurgiens sous les empereurs romains, le rôle des anciens archiâtres (*archiatri, Palatii principes*) qui étaient chargés d'examiner les autres membres de la profession, porte à croire que Henri de Mondeville, qui avait fait rassembler par un jurisconsulte de

______

(1) Cocchi, *Lettera critica sopra un manoscritto in cera* ; Firenze, 1746, in-4°. de 84 pages. Cette lettre a été insérée *in extenso* dans les *Dicorsi Toscani* du même auteur (Firenze, 1761, 2e. partie, p. 189). On peut en lire une revue critique dans le *Journal étranger*, octobre 1757, p. 4.

ses amis ces anciennes lois romaines, au nombre de vingt-six, usa de son influence auprès du roi de France et du prince Charles de Valois, pour mener à bonne fin une œuvre si utile.

Ce fut peu de temps après son retour à Paris, en 1306, qu'il mit à exécution le projet, qu'il avait conçu depuis long-temps, d'écrire et de lire à ses nombreux élèves un Traité complet de chirurgie (1).

Il le rédigea surtout à la demande de Bernard de Gordon, un des médecins français qui ont fait le plus d'honneur à la Faculté de Montpellier, où il commença à enseigner en 1285 et où il dicta à ses élèves, en 1305, son ouvrage le plus connu, le *Lis de la médecine, Lilium medicinæ* (2).

Henri de Mondeville réunissait toutes les conditions requises pour atteindre le but qu'il s'était proposé. Il avait lu et médité tous les livres des plus célèbres chirurgiens de son temps, de Théodoric, de Guillaume de Salicet « valens homo », cet homme considérable comme l'appelle

_____

(1) « Propono breviter conscribere et ostendere publice, sensibiliter et in scholis, totam operationem cyrurgiæ manualem, » dit-il dans sa Préface.

(2) « Et ad petitionem et preceptum scientifici viri magistri Bernardi de Gordono, in preclarissimo studio Montispessulani summi professoris in scientia medicinæ », écrit-il en tête d'un de ses ouvrages.

Guy de Chauliac, de Lanfranc, Jean Pitart, Arnaud de Villeneuve, Bernard de Gordon, Bruno, Thadée de Florence ; il avait vu pratiquer plusieurs de ces hommes habiles, soit à Paris, soit à Montpellier ; il s'était familiarisé, sous son maître, Jean Pitart, avec toutes les opérations ; lui-même avait enseigné son art avec un très-grand succès. Hippocrate, Galien lui avaient livré toute la science antique ; il connaissait à fond les meilleurs écrivains arabes ; enfin, ses voyages en Italie l'avaient mis en contact avec des maîtres renommés dans le monde entier.

D'un autre côté, si, par ses nombreuses occupations comme lecteur dans les écoles, comme archiâtre royal et comme chirurgien, tantôt pratiquant à la ville, tantôt suivant les armées, Henri de Mondeville, né sans fortune et obligé, comme il le dit, de courir tout le jour pour subvenir à ses besoins et à ceux de sa famille (1), pouvait être arrêté dans ses projets, il y était soutenu par des circonstances qui allégeaient singulièrement ces lourdes charges. « Exempt de cupidité et d'envie, écrit-il quelque part, sans « avarice, et peu disposé à vouloir engloutir le

_______________

(1) Quum oportet me scholas intrare et propter lucrum et victum, omni die discurrere hinc et inde, quoniam sub sola Dei gratia, parum crassa, cum proprio labore manuum mearum mihi et toti familiæ necessaria omnia subministro.

2

« monde entier, me contentant du nécessaire,
« libre de tout engagement avec qui que ce soit,
« n'étant point prébendé, ni stipendié par per-
« sonne, ni marié, et par conséquent débarrassé
« comme je le suis de la nécessité de gagner
« beaucoup pour subvenir aux dépenses d'une
« femme, il m'est permis de me consacrer à la
« rédaction de cette œuvre chirurgicale. Je crois
« mon travail d'autant plus opportun, que je ne
« vois de nos jours aucun de nos chirurgiens dis-
« posé à l'étude ; presque tous sont dépourvus de
« littérature, ou, s'il en est quelques-uns de let-
« trés, ceux-là n'aspirent qu'au lucre et ne sacri-
« fieraient pas cinq sous de leurs bénéfices an-
« nuels pour composer, au profit commun,
« quelque ouvrage vraiment utile. »

Mais hélas ! le digne chirurgien devait voir ses projets arrêtés dans leur marche, et sa plume se briser, endolorie, sous les coups implacables d'une terrible maladie qui ne lui laissa pas le temps d'achever son œuvre.

Ce fut en 1306 que Henri de Mondeville commença à écrire. Son livre devait traiter :

1°. De l'anatomie ;

2°. Des plaies, des contusions et des ulcères ;

3°. Des maladies qui ne sont ni plaies, ni ulcères, ni lésion des os, et pour le traitement desquelles on a recours au chirurgien ;

4°. Des fractures et des luxations;

5°. De l'antidotaire.

Mais, souvent distrait par ses nombreuses occupations et par la nécessité où il se trouva plusieurs fois de suivre le roi dans ses expéditions guerrières, et surtout par les progrès lents et irrémédiables du mal qui le consumait, Henri de Mondeville n'a pu remplir le vaste programme qu'il s'était tracé. En peu d'années, il amène à bonne fin les deux premiers livres qu'il lisait, en 1312, « publice, absque collecta, cum schola- « rium medicinæ et aliorum aliquorum intelligen- « tium maxima et nobilissima comitiva civium , « curialium et pertranseuntium advenarum. » Mais l'ordre imprévu qu'il reçut de suivre l'armée commandée par Charles de Valois, frère de Philippe-le-Bel, le transportant à Arras et en Angleterre, l'arracha pour un temps à ses élèves et à ses chères études. « Unde doleo ultra modum; multum enim tempus inutiliter consumpsi! » s'écrie notre savant, qui n'eut même pas la bonne fortune de se faire payer par le Trésor royal la somme qui lui était due pour ses péni- bles services.

Enfin, à sa prière, le roi de France lui per- mit de revenir à Paris, quoique l'expédition ne fût pas terminée, et il put reprendre les travaux qui faisaient le charme de sa vie. Il aborda le troisième livre de son Traité et il en termina les deux premières sections ; arrivé là, il est encore forcé, par sa mauvaise santé, de suspendre son œuvre. Il faut l'entendre exhaler, dans des paroles empreintes d'une navrante mélancolie et d'une soumission toute chrétienne aux décrets de la Providence, ses regrets et sa douleur.

Il remercie Dieu de sa bonté, de la faveur qu'il lui a faite de prolonger sa vie de plus de deux ans au-delà du terme que tous les médecins lui avaient assigné ; il le supplie, comme l'avait fait avant lui saint Anselme de Cantorbéry, de lui accorder encore quelques jours pour qu'il puisse compléter son œuvre, dont il se promet les plus heureux effets pour l'humanité souffrante (1), et il se hâte de tracer à grands traits les titres des chapitres dont la troisième partie ou Doctrine de son troisième Traité devait se composer ; de marquer la place du quatrième, consacré aux fractures et aux luxations, et de

(1) Non cyrurgicus se exaltet, sed timens Deum qui unicus sapiens est, confidat de ipsius maxima largitate et suæ plenitudine potestatis, sub quibus, quasi miraculose et de gratia speciali, languidus vivo et jam vixi continue per duos annos contra commune judicium medicorum. Rogans, insuper, et supplicans Creatorem, ut sicut ipse Ezechie regi vivendi spatium prolungavit ita et vitam mihi prolunget, si placet, ad profectum commune, donec, duntaxat, possim perficere opus presens, ut ad ejus complementum concrescat, ut pluvia, Doctrina mea et fluat, ut ros, eloquium meum.

rédiger enfin son Antidotaire : pressé par ses élèves de leur laisser pour adieu suprême cette collection importante de thérapeutique et de formules pharmaceutiques, qu'en effet il acheva, tout asthmatique et phthisique qu'il était, « asmaticus, tussiculosus, ptisicus et consumptus. »

Nous ne savons pas l'époque précise de sa mort ; mais, si l'on fait attention qu'il lisait à Paris les deux premiers livres de son traité, en 1312 ; qu'il suivit peu de temps après l'armée royale ; qu'il avoue avoir perdu là beaucoup de temps ; que, revenu à Paris, ses nombreuses occupations ne lui permirent pas d'écrire « une seule ligne » ; qu'il déclare avoir coopéré à l'embaumement de deux rois de France ; que ces deux rois ne peuvent être que Philippe IV, qui mourut en 1314, et Louis X, qui mourut en 1316, on ne se trompera pas beaucoup en rapportant sa fin à l'espace compris entre les années 1317 et 1320. Son illustre maître, Jean Pitart, lui survécut ; car il vivait encore en 1328.

Maintenant que nous connaissons les principaux traits de cette trop courte existence, il nous faudra étudier, avec autant de soin que possible, l'œuvre qui mérite de la rendre à jamais célèbre.

Cette œuvre, remarquable à tous égards, réclame aujourd'hui sa place à la suite des traités de nos anciens chirurgiens (1) auxquels on s'étonne à bon droit de ne pas la voir unie. C'est une lacune que nous signalons dans notre littérature chirurgicale et que nos études sur les manuscrits qui nous en restent nous mettront, un jour ou un autre, à même de combler.

Ces manuscrits, que possède la Bibliothèque impériale, sont sept copies plus ou moins complètes et une traduction en vieux français, mais tronquée, du livre de Henri de Mondeville. Il importe avant tout de les faire connaître :

N°. 1001. Sorbonne, in-folio ; manuscrit du commencement du XIV\ siècle, écrit sur parchemin, à deux colonnes. Il y a là plusieurs traités : 1°. *Les fleurs de l'Antidotaire de Nicolas,* par Jean de Saint-Amand ; 2°. l'*Areola des médecins,* par Arnaud de Villeneuve ; 3°. un traité intitulé : *Operatio medicine* ; 4°. les *Petites gloses de l'Antidotaire de Nicolas,* par Jean de Saint-Amand ; 5°. les *Aphorismes,* par Urson ; 6°. enfin, la Préface du traité de notre chirurgien et une partie du *Traité d'anatomie* ; en tout, sept pages, de 162 à 168. L'écriture en est mauvaise et très-difficile à déchiffrer ;

N°. 1142. Saint-Germain, lat., in-4°., sur pa-

___

(1) Guy de Chauliac, *Ars chirurgica,* avec la *Chirurgie de Bruno, Théodoric, Roland, Lanfranc, Bertapalia, Roger et Guillaume de Salicet.* Venetiis, 1546, in-4°.

pier, du XV<sup>e</sup>. siècle, selon toute apparence. Ce manuscrit comprend le travail entier de Henri de Mondeville. L'écriture en est assez bonne;

N°. 1473. Sorbonne, in-4°., à deux colonnes, en partie sur papier et en partie sur parchemin, de 758 pages, probablement du XV<sup>e</sup>. siècle. Belle et bonne écriture cursive. La *Préface* et le *Traité d'anatomie* manquent. Le manuscrit commence par la Préface du troisième livre et se continue, sans interruption, jusqu'à la fin. Il a appartenu d'abord à Jean Budé, audiencier de Charles VIII; puis à Jacques Dioneau, conseiller et chirurgien des rois Charles IX et Henri III, ainsi que le prouvent les signatures originales que ces deux bibliophiles ont apposées à la fin du volume. En tête de la première page du manuscrit se trouve une très-médiocre miniature représentant Henri de Mondeville assis dans sa chaire, devant un grand pupitre tournant chargé de livres; le professeur s'adresse à six élèves placés devant lui, qui paraissent l'écouter très-attentivement;

N°. 6910, A. Fonds latin, in-folio; manuscrit du XV<sup>e</sup>. siècle sur parchemin, provenant de la collection Mazarine. Il contient plusieurs traités: un *Commentaire sur le neuvième livre d'Almansor;* l'*Areola,* d'Arnaud de Villeneuve; le *Traité des poisons,* de Pierre d'Apone; la *Grande Chirurgie,* de Guy de Chauliac; enfin l'*Anatomie,* de Henri de Mondeville, qui y occupe les folios 59-75 ;

N°. 7130. Fonds latin, in-folio ; manuscrit du XV°. siècle, sur parchemin, provenant également de la bibliothèque du cardinal Mazarin ; reliure en maroquin rouge aux armes de France sur le dos et les plats ; 147 feuillets à deux colonnes. Très-mauvaise écriture, caractérisée par de nombreuses et irrégulières abréviations. Primitivement, ce volume a dû être réuni à d'autres, car la pagination commence par le numéro 180. Le manuscrit contient tout ce qu'a écrit Henri de Mondeville. C'est celui dont nous nous sommes plus particulièrement servi ;

N°. 7131. Fonds latin, in-folio ; manuscrit du XIV°. siècle, écrit sur parchemin ayant appartenu à Philibert de La Mare. Il renferme treize traités de différents auteurs et l'on n'y trouve guère que la moitié de l'œuvre de notre chirurgien. Il nous paraît être le plus ancien de tous, et remonter jusqu'à l'époque où Henri de Mondeville prit la plume, c'est-à-dire à l'année 1306. Il commence ainsi: « In nomine Domini, Amen. Serenissimo domino nostro Philippo, Dei gracia Francorum regi, ex parte cyrurgici sui, Henrici, de Amondavilla. Incipit practica cyrurgie theorice roborata, edita ad utilitatem communem, incepta Parisius, anno post Incarnationem millesimo trecentesimo VI°. » Ce titre se lit à la première colonne du premier feuillet, au bas duquel on trouve ce renvoi : « Et ad peticionem et preceptum scientifici viri magistri Bernardi de Gordonio, in preclarissimo studio Montispessulani, summi professoris in sciencia medicine; »

Nº. 7139. Fonds latin, in-4º.; manuscrit du XIVᵉ. siècle, sur parchemin, en grosses lettres gothiques, ayant appartenu au médecin Jacques Mentel. L'œuvre de Henri de Mondeville est ici au complet;

Nº. 2030, jadis 7932.5, venu de la Bibliothèque de Colbert, in-4º.; manuscrit du XIVᵉ. siècle, sur parchemin, à deux colonnes, avec miniatures représentant des sujets anatomiques et une autre grande miniature, sur laquelle on voit Henri de Mondeville en robe rouge, assis dans sa chaire de professeur, tenant un livre dans la main et ayant devant lui plusieurs élèves sur un plan inférieur (1). Ce manuscrit est très-curieux; c'est une traduction en langue française, à peu près contemporaine, des œuvres de notre chirurgien. Le traducteur inconnu a eu, du reste, particulièrement en vue de vulgariser les passages pratiques les plus importants. Il a mis de côté presque toutes les préfaces qui précèdent chaque livre et qui sont si intéressantes pour nous. Il

(1) Voyez notre gravure.

s'est aussi arrêté en chemin et n'a guère traduit que la moitié de l'ouvrage. L'écriture de ce manuscrit est belle et tracée avec beaucoup de soin.

Naudé, Petit-Radel, Eloy, Hazon, La Peyronie, Portal, P. Marchand, de Montfaucon et d'autres citent plusieurs copies de la *Chirurgie* de Henri de Mondeville : nous avons quelque raison de croire qu'ils ont en vue les manuscrits que nous venons de mentionner.

L'Angleterre possède, des mêmes ouvrages, une traduction anglaise qui provient de la Bibliothè que d'Edward Tyson, du collége des médecins de Londres et qui, dans le *Catalogus librorum manuscriptorum Angliæ* (1697, in-folio, t. ij, p. 110), est mentionnée sous cette rubrique : « N°. 4161, in-folio : *A Treatise of chirurgery, translated into english out of latin from de Amanda villa* (sic), *the french King's surgeon.* »

Enfin, dans le catalogue des livres du baron Hohendorf, publié lors de la vente de cette riche Bibliothèque (La Haye, 1720, in-8°.), on trouve mentionné, sous le n°. 86 (t. iij, p. 274) : *Chirurgia Henrici de Amondavila, manuscrit sur vélin, en maroquin rouge, doré sur tranche, in-4°.* Ce manuscrit doit se trouver maintenant à la Bibliothèque de Vienne.

Il ne sera pas sans intérêt non plus de jeter un coup-d'œil sur l'*Inventaire* que Gilles Mallet fit en 1373, et qui a été publié en 1836, par Van Praet. Voici ce qu'on y lit: N°. 393. *La Cirurgie*, maist. Henry de Mondeville, en caiers sans aiz; N°. 1103. *La Cirurgie* Henry de Mandeville, escripte de lettres de forme, à deux coulombes, historie 2 figurie, couvert de cuir rouge à empraintes, à cinq bouillons, deux fermoirs de laton; N°. 1112. Une partie du livre de Mandeville escript de lettres de forme, à une coulombe, en cayers couvers de parchemin. Van Praet a raison de douter que ce dernier manuscrit contienne la *Chirurgie* de Henri de Mondeville; nous croyons qu'il s'agit ici du voyageur Henri de Mandeville, qui écrivit la relation de ses pérégrinations et la dédia à Édouard III, roi d'Angleterre.

Le Traité de chirurgie de Henri de Mondeville s'ouvre par la préface suivante, dont nous traduisons la plus grande partie :

« À l'honneur, à la louange et à la gloire de Jésus-Christ, de la bienheureuse Vierge Marie, sa mère, des bienheureux martyrs Cosme et Damien, du très-illustre seigneur Philippe, par la grâce de Dieu, roi des Français et de ses sérénissimes quatre fils, savoir : Monseigneur Louis (1), son premier-né, déjà roi de Navarre, Philippe (2), Charles (3) et Robert (4), que tous et leur

---

(1) Né en 1289, roi de France, sous le nom de Louis-le-Hutin.
(2) Né en 1293, roi de France, sous le nom de Philippe-le-Long.
(3) Né en 1296, roi de France, sous le nom de Charles-le-Bel.
(4) Mort en bas-âge.

lignée parcourent de longues années, heureux, fortunés, et puissent dès lors gouverner à propos le peuple français; enfin, et par-dessus tout, à l'utilité générale, laquelle, selon le philosophe (1), doit passer avant les intérêts privés : Moi, Henri de Mondeville, chirurgien de notre très-illustre seigneur, le roi de France, habitant la très-célèbre ville de Paris, et étudiant dans l'illustre Étude de cette cité, je me propose dès à présent, c'est-à-dire en l'année 1306, d'écrire et de démontrer, autant que cela me sera possible, publiquement, sensiblement et dans les écoles, toute l'opération manuelle de la chirurgie.

Cette Chirurgie contiendra cinq traités :

Le premier exposera l'anatomie, c'est-à-dire la base de la chirurgie, étudiée dans les limites que comporte toute œuvre chirurgicale, telle enfin que l'a tracée Avicenne, telle que les meilleurs auteurs et moi l'avons extraite de ses œuvres, et telle que l'expérience me l'a montrée;

Le second, la cure universelle et particulière des plaies des contusions et des ulcères, telle que j'ai pu l'extraire du premier et du second livre de la *Grande Chirurgie* de Théodoric, avec le mode nouveau et facile de traitement acquis récemment et mis en lumière par l'expérience des modernes;

Le troisième, la cure de toutes les maladies qui ne sont ni plaies, ni ulcères, ni lésions des os, lesquelles maladies frappent habituellement chacune des parties du corps humain depuis la tête jusqu'aux pieds, et pour la guérison desquelles on a nécessairement recours aux chirurgiens;

(1) Aristote, *Ethic.*, II.

Le quatrième, la cure des fractures, des luxations et des entorses;

Le cinquième, l'Antidotaire.

Maître Lanfranc, de Milan, dans sa *Chirurgie*, a disposé ces trois derniers traités de la manière qu'il vient d'être dit. On doit ajouter que les trois auteurs précités, savoir: Avicenne, pour l'anatomie, Théodoric pour la cure des plaies, Lanfranc pour la cure des ulcères et d'autres maladies, ont très-bien procédé et ont acquis une grande gloire, même sur tous les autres auteurs et praticiens, dans chacun de ces points de chirurgie.

Mais puisqu'il n'y a rien de parfait dans les œuvres de l'homme; puisque, en ajoutant ce que l'expérience et l'habitude leur ont démontré être utile, des auteurs d'un rang secondaire peuvent améliorer, corriger et enrichir les œuvres excellentes de leurs prédécesseurs et maîtres; puisque celui qui dispose un jour un point quelconque d'une certaine manière, le dispose autrement le lendemain ou même de suite; puisque, après tout, ces innovateurs méritent louanges et remercîments (car ils excitent l'intelligence de l'opérateur scientifique, le poussent à mieux opérer et l'amènent à faire, autant que possible, une œuvre irrépréhensible et parfaite; que mes auditeurs ne soient pas étonnés si aux idées adoptées par nos maîtres et prédécesseurs, je fais quelques additions, quelques retranchements ou quelques transpositions, suppliant mes lecteurs de vouloir bien, au nom de l'unité générale, suppléer avec bienveillance aux défauts de ce travail. Galien a dit, en effet (lib. V, *De morbo et accidenti*, V°. et dernier chapitre, commençant par ces mots: « Dico namque quod multa complexio... »): « Dicta

antiquorum debent a successoribus amicabiliter appla-
nari, et si quid ibi deest, debet ab eis benigniter adimpleri. » Tels ces ouvriers qui, les dimanches et les jours
de fêtes, en courant çà et là dans Paris, par les rues,
par les places, revoient les ouvrages mécaniques, comme
murs, maisons, déjà commencés ou achevés, les retou-
chent, les corrigent et profitent beaucoup, pour les
édifices à construire, et aux ouvriers et aux bourgeois.
Aussi les appelle-t-on les ouvriers des dimanches et des
fêtes.

C'est pourquoi, après avoir passé avec soin en revue
les meilleurs ouvrages qui ont paru de nos maîtres précités et d'autres chirurgiens fameux, et rassemblé tout
ce que j'ai pu apprendre à Paris et à Montpellier, soit en
y assistant à des leçons, soit en pratiquant, soit en
enseignant plusieurs années la chirurgie dans ces deux
villes (mais la médecine dans la seule Étude de Montpellier), j'ajouterai tout ce que j'ai pu apprendre théo-
riquement ou expérimentalement (soit en les entendant
professer, soit en les voyant pratiquer) de tous mes
maîtres et particulièrement de maître Jean Pitart, également chirurgien de notre très-illustre roi, homme
très-habile et très-expérimenté dans l'art chirurgical.

Que les élèves intelligents et qui veulent apprendre
la chirurgie, que ceux surtout qui sont lettrés, qui con-
naissent au moins les premiers éléments de la médecine
et qui comprennent les mots employés dans notre art, se
réjouissent et soient satisfaits; car c'est pour eux que cet
ouvrage est écrit.

Je ne voudrais pas cependant priver des bénéfices de
ce travail tous les hommes illettrés sans exception. Il en
est quelques-uns qui, quoique stupides, ignorants, d'un

orgueil rare, boursoufflés d'amour-propre, prétendent avoir reçu de leurs ancêtres, également illettrés, comme un héritage successif, depuis un temps immémorial, et au grand mécontentement des chirurgiens clercs, le don d'opération manuelle. Ils ont ordinairement dans leur parti, et comme solidaires de leur stupidité, tous les gens illettrés de nos jours, les nobles', les grands, les principaux et , par conséquent, tout le vulgaire. De là souvent de grands périls et de grands dangers.

A cette classe de chirurgiens orgueilleux et illettrés , à leurs malades et à ceux qui croient en eux, on ne peut espérer que la présente Doctrine soit d'un grand secours dans leurs nécessités, pas plus que Dieu lui-même pour ceux qui le dédaignent. Mais il est d'autres chirurgiens illettrés, très-serviables, non rebelles, qui regrettent outre mesure de n'être initiés ni à la science, ni à l'art de la chirurgie, et qui avouent être redevables aux chirurgiens et aux médecins lettrés du peu de science qu'il leur est possible d'acquérir. Qu'à ceux-là et à leurs malades notre présente Doctrine soit profitable, de même que Dieu ne refuse jamais le pardon à ceux qui le prient humblement. Mais devront se trouver très-heureux les élèves en chirurgie dont nous parlions tout-à-l'heure et même, en fin de compte, le peuple tout entier, puisque nous les mettrons à même d'apprendre ici brièvement, tranquillement, sans dépense et comme par un don de charité, tout ce que nous tous, chirurgiens modernes et nos prédécesseurs, avons acquis en parcourant tous les pays, en séjournant dans les Études les plus fameuses au grand détriment de notre bourse, au grand danger de nos personnes et par d'immenses et continuels labeurs. Nous leur offrirons de plus, ainsi que nous l'avons déjà dit, tous ces secrets, souvent rationnels et justifiés par l'expérience, choisis dans les livres de médecine, où ils sont épars, qu'on recueille çà et là de la bouche de vieillards sages, honnêtes et expérimentés, et que ces derniers ne dévoilent à leurs fils aînés qu'à l'article de la mort.

C'est avec de tels éléments de pratique laissés successivement par tous les auteurs et les sages, depuis l'origine du monde jusqu'à présent, et rassemblés laborieusement par leurs successeurs, que les chirurgiens de notre temps et d'autres opérateurs écrivent leurs livres, chacun dans les limites de ses facultés, et en choisissant parmi ces éléments ceux qui leur paraissent les plus rationnels.

Je me propose, dans ce *Traité de chirurgie*, de glisser d'une manière superficielle sur tout ce qui est de peu d'utilité ou qui se trouve décrit suffisamment dans d'autres traités de chirurgie ou dans les livres de médecine ; mais j'aurai soin d'insister et de m'appesantir, sans relâche, autant que je le pourrai sur toutes les choses, faciles ou difficiles, qui sont de première nécessité pratique ou qui ne sont pas assez clairement indiquées dans les auteurs et dans les livres précités. Rien de plus grave, en effet, qu'un mot mal interprété ; car cette mauvaise interprétation conduit à l'erreur, et cette erreur est bien plus à craindre lorsqu'il s'agit du corps humain, que des autres corps composés également des quatre éléments..... »

Vient ensuite le premier livre, consacré exclusivement à l'anatomie, en tant que se référant à la pratique chirurgicale. C'est ce que nous appellerions l'anatomie des régions. Henri de Mondeville a très-bien compris qu'il devait glisser sur tous ces détails, qui ne peuvent s'appliquer qu'à une anatomie descriptive : « Il nous suffira ici, « fait-il remarquer avec juste raison, de traiter, « *grosso modo* et brièvement, de l'anatomie, *nec* « *intendendo ipsam radicitus nec ad unguem*, mais « de l'envisager sous le rapport de l'œuvre chi- « rurgicale. » Il ne paraît pas, du reste, avoir disséqué lui-même des cadavres humains, quoique, précisément à la même époque (1306), Mundinus de Milan l'ait fait sur trois sujets, au grand étonnement du monde entier ; et Guy de Chauliac lui reproche à ce propos plusieurs erreurs graves. De Mondeville a suivi pas à pas Avicenne et il trouve que c'est déjà faire un grand pas que de porter à la connaissance des élèves les écrits anatomiques du médecin arabe, dont le traité était peu répandu en France au commencement du XIV<sup>e</sup>. siècle, puisque, selon notre chirurgien, c'était un avantage immense *(valde sumptuosum et grave)* que de le posséder dans sa bibliothèque.

L'Anatomie de Henri de Mondeville ne se recommande donc ni par des découvertes qui lui seraient propres, ni par une grande fidélité d'exposition. Mais l'illustre commensal de Philippe-le-Bel est le premier, que nous sachions, qui ait eu l'idée de joindre à ses descriptions anatomiques des miniatures propres à parler aux yeux et à mieux graver dans la mémoire les éléments de cette science ardue ; pensée féconde qui devait rester stérile pendant des siècles, mais à laquelle le génie de Vésale, aidé du talent des artistes de la Renaissance, devait plus tard faire porter tous ses fruits.

Ces miniatures, au nombre de quatorze, qui se trouvent dans le manuscrit français de la Bibliothèque impériale (n°. 2030, fonds Colbert), se recommandent surtout par l'intention de l'artiste et par les légendes explicatives qui les accompagnent et que nous reproduisons. C'est, à tout prendre, un monument remarquable de l'intérêt qu'on commençait à porter aux études anatomiques.

La 1re. figure représente un chirurgien debout, tenant une sorte de scalpel à la main et faisant des incisions sur diverses parties du corps d'un homme affectant la position verticale ; la 2e., le corps d'un homme vu de face, et sur lequel apparaissent les os, les cartilages, les ligaments, les articulations, les principaux nerfs, le cœur et les muscles ; la 3e., le même corps, mais postérieurement ; la 4e., un homme dont la poitrine et le ventre ont été ouverts longitudinalement, de manière à montrer les grandes veines et les grandes artères qui partent du foie et du cœur pour se rendre aux parties les plus éloignées du corps ; la 5e., un homme écorché, portant un bâton sur l'épaule, et sur ce bâton le tégumen ; on y a représenté la chair laiteuse du corps, la chair blanche et glanduleuse des mamelles et des émonctoires, et, par une ouverture pratiquée au ventre, la graisse adipeuse; la 6e. un homme ouvert à la partie antérieure, depuis le sommet de la tête jusqu'à l'anus; on y a représenté le crâne et le cerveau divisés par le milieu, la dure-mère, les nerfs optiques venant du cerveau et se dirigeant, aux yeux, les membranes de la poitrine et du ventre, le diaphragme, les canaux spermatiques; la 7e., un homme ouvert longitudinalement à la partie postérieure, de manière à mettre à nu la cavité du crâne, le cerveau, la moëlle épinière et la moëlle des os; la 8e. le mode de jonction et la disposition de tous les os de la tête, que la 9e. répète en présentant le sujet non plus de face, mais de côté; la 10e., un homme ouvert à la partie antérieure, depuis le front jusqu'à l'anus, de manière à faire voir le nœud de la gorge, les conduits de la boisson et de l'air, le cœur, le poumon, le diaphragme, l'estomac, le foie, la rate, les intestins, ainsi que la disposition réciproque de toutes ces parties dans l'homme vivant, *sicut potest fieri propinque veritati*, ajoute la légende; la 11e., la forme de l'œil; la 12e., un homme ouvert longitudinalement à la partie postérieure, depuis le sommet de la tête jusqu'à l'extrémité inférieure du torse, mettant à nu la partie postérieure et tous les

organes internes désignés dans la figure 10 ; la 13e.,
la moitié inférieure d'un homme depuis le milieu
des côtes jusqu'aux orteils , fendue par le milieu
postérieurement, de manière à découvrir le rectum
couché sur l'épine, les reins, les urétères, la vessie,
la verge coupée par le milieu, les bourses, les tes-
ticules ; la 14e., la même moitié inférieure chez une
femme.

Ces figures n'ont en réalité qu'une valeur médiocre. Elles sont tellement petites, qu'il était
impossible à l'artiste d'y faire nettement reconnaître les détails organiques qu'il nous importe d'y
remarquer. Ces miniatures ne sont sans doute pas
celles dont se servait, pour ses démonstrations,
le chirurgien de Philippe-le-Bel, qui en avait très-
probablement, pour ses leçons, de plus correctes
et de plus expressives.

Le second livre auquel nous arrivons est consacré, ainsi que nous l'avons déjà dit., à l'étude des
plaies, des contusions et des ulcères. C'est la
partie la plus importante de l'œuvre, celle à
laquelle l'auteur paraît avoir mis le plus de soins
et d'attention. Comme tous les autres, ce traité
est précédé d'une préface et il a, en outre, de
longs prolégomènes sous le titre de *Notabilia intro-
ductoria ad totam cyrurgiam.* Nous y trouverons
un riche butin pour nos lecteurs.

Parlons d'abord de la Préface. Après avoir invoqué le nom du Très-Haut, Henri de Mondeville, qui déclare avoir écrit tout à la fois pour les chirurgiens scientifiques familiarisés avec les autorités, les raisons, les causes, les termes usités dans la science et les principes ordinaires de la médecine; pour les ignorants; pour ceux qui sont médiocrement intelligents, s'est arrangé de manière à satisfaire, même matériellement, en ce qui concerne le *Traité des plaies*, c'est-à-dire la *Première doctrine* du second traité, ces trois ordres de lecteurs. Pour cela il a écrit ou fait écrire cette *Première doctrine* en deux caractères différents : le *Manuel opératoire*, en grosses lettres, et *les causes, les raisons, les déclarations,* autrement dit *la partie théorique et dogmatique,* en lettres plus menues, tracées à côté des premières et leur servant comme de supplément, parfois même interlinéaires; de manière que le lecteur puisse, selon les besoins de son savoir et de son intelligence, s'arrêter à ce qui lui conviendra le mieux. Cette ingénieuse disposition, imaginée par notre chirurgien, a été respectée par les copistes des manuscrits $6910^3$ et 7139; elle ne se retrouve plus dans les autres.

L'auteur trace ensuite le tableau des conditions nécessaires pour qu'une maladie chirurgicale arrive à bonne fin. conditions portant sur le chirurgien lui-même, sur le malade et sur les assistants. Il passe ensuite aux définitions qu'on a données de

la chirurgie et trace, à grands traits, les qualités
et les devoirs de celui qui veut se lancer avec
honneur dans la carrière chirurgicale :

Le chirurgien, s'il veut parvenir à bien opérer, doit
tout d'abord fréquenter les lieux où des chirurgiens habiles opèrent souvent ; il doit appliquer toute son attention à leur manière de faire et la fixer dans sa mémoire ;
puis s'exercer, en opérant lui-même devant des maîtres
vénérés. Le chirurgien a besoin d'être doué d'un génie
naturel ; car il est dangereux de n'opérer que d'après les
livres, sans consulter sa propre inspiration et une saine
raison : *Ingenium naturale adjuvat artem et naturam re-*
*gentem... Necessarium est cyrurgicum fulgere ingenio na-*
*turali.....* Il n'est pas bon chirurgien celui qui ne connaît
ni l'art, ni la science de la médecine et surtout l'anatomie..... Le chirurgien doit être médiocrement auda-
cieux, ne point discuter devant des laïques, opérer avec
prudence et sagesse ; ne jamais commencer d'opérations
périlleuses s'il n'a point tout prévu pour éviter le danger ;
avoir la main bien faite, les doigts longs et grêles, souples,
assurés. Il doit promettre la santé à tous ses malades, ne
point cacher aux parents ni aux amis les dangers qui
peuvent surgir ; éviter, autant que possible, les cures
difficiles ; ne jamais entreprendre les cas désespérés ;
donner gratis ses conseils aux pauvres ; se faire bien
payer des riches, si cela lui est possible ; ne pas se louer
lui-même ; ne pas déverser le blâme sur ses confrères ;
ne porter envie à aucun d'entr'eux ; travailler toujours
à acquérir une réputation de probité ; rassurer les malades par de douces paroles, et acquiescer à leurs de-
mandes lorsqu'il n'en peut rien résulter de nuisible à la

guérison..... D'où il suit que le parfait chirurgien est plus que le parfait médecin, et que le premier a besoin d'une condition dont le second peut se passer, savoir : l'opération manuelle.

Nous voyons ici poindre à l'horizon les pre-mières traces de ce conflit entre les chirurgiens et les médecins, qui devait susciter de part et d'autre tant de haines, et pousser les maîtres régents de la Faculté de médecine de Paris à contracter avec les barbiers une monstrueuse association, nuisible tout à la fois au progrès de la science et à la con-sidération du corps médical.

L'*Introduction à la Chirurgie*, qui n'occupe pas moins de vingt pages dans le manuscrit en question, est bien moins un discours qu'une suite d'articles ou de rubriques au nombre de vingt-six et intitulés : *Notabilia*. C'est là que notre chirurgien, prolixe conteur, logicien impla-cable, argumentateur serré, peu sympathique aux grands, aux riches et au clergé, très-disposé à se lancer, pour peu que l'occasion lui en soit offerte, dans un champ étranger à la science proprement dite, aborde une foule de points d'un grand intérêt pour l'histoire de l'art et de la pratique de la chi-rurgie au moyen-âge : conditions nécessaires pour devenir un bon chirurgien ; remarques sur le char-latanisme et l'empirisme ; immixtion des religieux

dans l'exercice de la chirurgie et de la médecine ;
rapports entre les médecins et les chirurgiens ; tableau des consultations, telles qu'elles se faisaient au
XIII<sup>e</sup>. siècle ; traitement par correspondance,
lorsque les malades sont éloignés du chirurgien ;
opinions barbares du peuple touchant les causes
des maladies ; sa confiance aveugle dans les charlatans ; son obéissance stupide à ce qu'il appelle
les décrets de la Providence ; la nécessité pour
le chirurgien d'être clerc, lettré, la chirurgie étant
aussi bien une science théorique qu'une opération
manuelle ; ruses diverses mises en usage par les
charlatans ; déception des hommes consciencieux ;
succès des fourbes ; conseils aux maîtres pour
instruire leurs élèves ; prééminence de la chirurgie sur tous les arts mécaniques ; étude sur diverses
sectes de chirurgiens ; enfin, considérations sur
la nature médicatrice et préservatrice ; remarques
sur le lieu d'élection des incisions ; et, dans un
énorme paragraphe composé lui-même de cinquante-deux sous-rubriques, circonstances parti-
culières ( *contingentia* ) au malade, à l'organe lésé,
à la maladie, lesquelles peuvent, selon leur caractère, nuire, ou être favorables, ou nécessiter des
modifications dans le mode de traitement : tels sont
les points principaux que l'écrivain passe en revue
et qu'il traite avec un incontestable talent.

Nous tromperions certainement les espérances

de nos lecteurs, si nous ne les favorisions pas de la traduction de quelques-unes de ces pages remarquables à tous égards, et dans lesquelles se reflète cette époque de lutte contre le clergé, d'abaissement de la féodalité, d'agrandissement de la royauté, cette époque où règnent les juristes et où l'on voit se dessiner dans le lointain la remarquable figure de Louis XI (1).

Qu'on ne s'attende pas à trouver dans les extraits que nous allons traduire beaucoup d'ordre et de suite. Notre chirurgien écrit un peu à l'aventure, à bâtons rompus; il passe facilement d'un sujet à un autre; et il s'inquiète assez peu de la forme, pourvu que le fonds soit solide; nous ne reproduisons d'ailleurs que les passages qui nous ont offert le plus d'intérêt, et ils sont souvent, dans le texte, très-éloignés les uns des autres.

Pour devenir habile dans son art, le chirurgien doit apprendre la théorie chirurgicale, en conférer avec ses collègues, les voir opérer, opérer ensuite lui-même sous les yeux du maître, puis seul; car celui qui s'en tient à voir fabriquer ne fabriquera jamais bien qu'après avoir éprouvé beaucoup de mécomptes; ce n'est pas en voyant battre le fer qu'on devient forgeron, mais en le battant soi-même. Quiconque voudra entrer dans le corps des

(1) Voyez l'*Histoire de France par les monuments*, de M. Henri Bordier. Paris, 1859, t. I, p. 424.

chirurgiens autrement que par ces quatre voies, n'y
entrera que comme un larron et un voleur : ainsi sont
les barbiers, les sorciers, les devins, les alchimistes, les
courtisanes, les vieilles femmes, les Juifs convertis, les
Sarrasins et tous ceux qui, ayant mangé leur bien, cou-
vrent de ce manteau leur misère et leur fourberie.....

Qu'on ne s'étonne pas si ces malheureux, poussés par le
besoin et la pauvreté, ont recours à la chirurgie, cet art
étant à la fois le moins connu et celui dont on a le plus
besoin, dont il est peu d'hommes qui puissent se passer.
Aussi est-il un de ceux qui prêtent le plus au mensonge.
Aussi le vulgaire ne sait-il pas distinguer le praticien
habile de celui qui ne l'est pas. Aussi les fourbes, les
ignorants arrivent-ils fréquemment aux honneurs, à la
fortune tandis que les hommes de science, véridiques,
honnêtes, probes, expérimentés vivent souvent méconnus
et se trouvent réduits à une extrême indigence. Mais
n'est-il pas vraiment extraordinaire de voir les rois, le
princes, les prélats, les chanoines, les curés, les religieux
les ducs, les nobles et les bourgeois, se mêler, dépourvus
qu'ils sont de toute science, des cures chirurgicales les
plus périlleuses, et surtout s'ingérer de traiter les
maladies des yeux, si difficiles, si trompeuses et qui
font le désespoir du chirurgien le plus habile? Il
arrive alors, par l'erreur de ces personnages, mais
surtout des devins, des religieux, moines, ermites,
reclus, auxquels le peuple accorde plus volontiers sa
confiance, que des maladies qui, bien prises, se prêtaient
à une guérison infaillible, s'aggravent et deviennent
incurables. C'est en vain que ceux qu'ils traitent perdent
entre leurs mains un membre et même la vie : le
vulgaire persiste à les regarder comme des hommes à

qui la science a été infuse par la très-divine grâce du Créateur ; si quelqu'un a le malheur d'en douter, c'est un hérétique, un infâme ! De cette fâcheuse crédulité du peuple sont venus les noms de saints donnés à certaines maladies. L'érysipèle, c'est le mal de la Vierge Marie, de saint Antoine ou de saint Laurent ; une fistule, un ulcère ou un abcès, c'est le mal de saint Éloi ; le mal de saint Fiacre, c'est un cancer, un apostème, un ficus ou des hémorrhoïdes ; le mal de saint Bon, un panaris ; le mal de saint Loup, une espèce d'épilepsie, et ainsi d'une foule d'autres. ...

. . . . . . . . . . . . . . . . . . .

Soyez persuadés que toutes les fois qu'un médecin sera appelé, par erreur, pour une affection chirurgicale, pourvu que cette affection ne soit ni une plaie, ni une luxation, ni une fracture, jamais le chirurgien ne mettra le pied chez ce malade ; le médecin saura bien en dégoûter le pauvre infirme : « Croyez bien, lui dira-t-il, « que les chirurgiens sont très-ignorants et que le peu « qu'ils savent, c'est aux médecins qu'ils le doivent. « Ces hommes moroses, cruels, exigent de grands « salaires. D'un autre côté, vous êtes faible, délicat, « épuisé par les dépenses que vous avez déjà faites. « Pour votre bien, ne les appelez pas auprès de vous ; « je vous promets, quoique je ne sois pas chirurgien, « de vous guérir sans eux. » S'il réussit, tout va à merveille ; mais si les choses tournent mal, qu'arrive-t-il ? « Je vous ai déclaré tout d'abord, dit-il au malade, « que je n'étais pas chirurgien ; cependant, parce que « je compatissais à vos maux, j'ai fait ce que j'ai pu, « en conscience, selon les préceptes de l'art et de la « raison, et mieux que ne l'aurait fait aucun chirurgien

« de nos jours. Mais de graves affaires ne me permettent
« plus de vous continuer mes soins ; je vous conseille
« d'appeler un chirurgien. » Puis, allant au-devant des
observations de son malade, il ajoute : « Faites appeler
« un tel qui est très-expert, connaissant très-bien son
« art, mieux, je vous en réponds, que ceux qu'on
« regarde comme des maîtres. » Et celui qu'il se donne
ainsi pour remplaçant est un misérable, un rustre, un
ignorant. Il a quatre bonnes raisons pour en agir ainsi :
1°. cet ignare ne reconnaîtra point les bévues du médecin ; 2°. le médecin reste chirurgien comme devant et
pèse de toute son autorité sur celui qu'il a mis à sa
place ; 3°. il peut, si besoin est, faire retomber sur ce
manant toute la responsabilité ; 4°. et enfin, en cas de
réussite, il saura bien en revendiquer tout l'honneur.
D'un autre côté et de la même manière, si un chirurgien
est appelé tout d'abord pour un cas essentiellement médical, le médecin peut être assuré de ne jamais mettre
le pied chez ce malade. Qu'a-t-on à faire d'un médecin
pour le mal qu'il s'agit de guérir ? Les médecins ne
savent rien et n'ont que du babil ; les chirurgiens et la
nature guérissent, sans cesse, sans leur concours, des
maladies semblables ; si l'on fait venir un médecin, il
voudra aussitôt purger le patient, ce qui l'aura bientôt
exténué.....

. . . . . . . . . . . . . . . . . . . . . . .

Le peuple a l'habitude de diviser les maladies qui sont
du ressort des chirurgiens, en deux classes : les unes
venant d'une cause, les autres surgissant d'elles-mêmes
ou par hasard. Dans la première catégorie il range les
maladies dues à des causes étrangères, extérieures ou
primitives qu'il peut de suite apprécier, telles que celles qui

résultent d'un coup de bâton, de pierre, de couteau, etc. ;
dans la seconde, celles qui naissent d'une cause in-
térieure ou antécédente et qui échappe à son œil.
Relativement aux affections sans cause, le peuple nourrit
trois opinions différentes : 1°. le chirurgien ne peut rien
sur ces sortes de maladies; 2°. elles proviennent de la
seule infortune du malade; 3°. elles sont envoyées par
Dieu lui-même et Dieu seul peut guérir le mal qui vient
de lui. Il y a même des gens qui sont possédés d'une
telle dévotion qu'il leur est à peu près égal d'être bien
portants ou infirmes ; ils ne veulent pas guérir par la
main de l'homme. Vous les entendrez dire : « Il me plaît
« à moi d'être infirme, parce que je sais que cela plaît
« à Dieu, et que, si cela ne lui plaisait pas, je ne serais
« pas infirme (1). » Et quand on leur demande : « Voulez-
« vous être guéri? Non, répondent-ils, non, par la main
« de l'homme, cela n'est pas possible; Dieu ne le veut
« pas : s'il le voulait, je serais aussitôt guéri. » Et ils
repoussent les chirurgiens habiles et expérimentés. Il
arrive alors que les fourbes, ne voulant pas être ainsi
repoussés, abandonnent le corps des chirurgiens scientifiques et doctrinaires ; ils affirment avoir obtenu de
Dieu la science infuse par laquelle ils guérissent les
maladies nées sans cause ou envoyées par Dieu ou les
Saints, et que cette science ne leur vient pas de l'étude,
mais qu'elle est un don gratuit, un bienfait du Sauveur.

(1) Guy de Chauliac semble avoir emprunté ce trait à Henri de
Mondeville, lorsqu'il dit : « Quinta secta est mulierum et multorum
idiotarum qui ad solos Sanctos de omnibus ægritudinibus infirmos
remittunt, fundantes se super isto : Dominus mihi dedit sicut placuit :
Dominus a me auferet quando sibi placebit. Sit nomen Domini bene-
dictum. Amen. »

Enfin, on voit de faux religieux, des ermites, des reclus, de vieilles femmes, des courtisanes qui, avec de l'eau bénite et des prières, allèchent les malades pour leur faire croire qu'ils opèrent avec l'aide de Dieu. Il n'avait pas et ne s'imaginait pas avoir cette grâce merveilleuse, ce chirurgien à moi connu qui, en confectionnant une médecine destinée à une fistule, mal de saint Éloi, comme l'appelle le peuple, brisa, par hasard, son mortier. De là, grande rumeur dans la foule, qui ne voyait dans cet accident qu'un miracle et une vengeance divine, parce que le pauvre chirurgien avait eu la prétention de vouloir guérir une maladie dont la cure devait être exclusivement réservée aux chirurgiens qui tiennent toute leur science de Dieu...

. . . . . . . . . . . . . . . . . . .

Nous ferons remarquer qu'il est de bon ton, parmi les grands et les prélats, dans tous les pays de l'Occident (peut-être n'en est-il pas de même dans les pays chauds), de n'avoir que peu de confiance dans un chirurgien instruit. Le chirurgien, selon eux, ne doit pas être clerc, parce qu'il importe que le clerc fréquente les écoles et que le laïque ne doit apprendre qu'à opérer manuellement. La chirurgie ne consiste-t-elle donc que dans l'opération de la main ? N'est-elle pas, en outre, une science théorique, à laquelle ne pourra jamais atteindre le laïque pur ? N'est-il pas clair que plus un homme connaîtra la théorie chirurgicale, plus il comprendra promptement, mieux il concevra les causes et la nécessité d'opérer de telle manière et non de telle autre ? Pourquoi donc, je le demande, le clerc, *cæteris paribus* (toutes choses égales d'ailleurs), n'opérerait-il pas aussi bien et même mieux que le laïque ? Je dis *cæteris paribus,*

parce que si un clerc et un laïque du même âge , de la
même intelligence, de la même capacité , commencent
à opérer ensemble, le clerc sera plus habile que le
laïque; mais si le laïque commence de meilleure heure,
il deviendra plus habile que le premier...... ...

Les chirurgiens fourbes et imposteurs, par cela seul
qu'ils ne sont pas consciencieux et qu'ils agissent mal,
acquièrent honneur et profit en tourmentant des malades
dont ils ne tireraient ni gloire, ni lucre, s'ils se compor-
taient avec eux en hommes honnêtes et probes. Citons un
exemple : un malade riche est atteint des premiers
symptômes d'un abcès. Il appelle un chirurgien consciencieux qui lui dit : « Monsieur, la chirurgie n'a rien
« à faire encore ici ; vous n'avez non plus aucun besoin
« de la médecine. » Alors, il arrive que le patient appelle un chirurgien ou un médecin déshonnêtes. Le chirurgien s'écrie aussitôt : « En vérité, Monsieur, vous
« avez là un gros abcès ; hâtez-vous de le faire
« opérer ; autrement il vous arriverait malheur. » Le
chirurgien met donc en usage les topiques attractifs ; il
provoque là, sans raison, une dangereuse affluence d'hu-
meurs ; de là pour lui profit et honneur, parce qu'il a vu
un abcès qui n'existait pas, tandis que le premier chirurgien perd son crédit et sa clientèle parce qu'il n'a rien
voulu voir, là où il n'y avait rien.

. . . . . . . . . . . . . . . . . .

Quiconque écrit pour l'instruction des élèves doit leur
rendre la dégustation de la science facile, en les y amenant
graduellement, à peu près comme les nourrices instruisent
les enfants encore à la mamelle et les habituent à dé-
guster les aliments qu'elles ont mâchés pour eux, et
qu'elles leur offrent ainsi préparés. En effet, les maîtres

et les docteurs doivent non-seulement mâcher la science
à leurs élèves ignorants, mais encore la ruminer sans
cesse à leur intention, afin qu'ils puissent plus aisément
se l'assimiler. De même aussi que les nourrices ne mâchent
plus les aliments aux nourrissons qui ont déjà leurs dents,
mais les exercent, en leur offrant leur nourriture par
petits morceaux, à la mâcher eux-mêmes, de même les
docteurs, qui continuent l'instruction déjà commencée des
jeunes gens, ne doivent plus leur livrer la doctrine toute
mâchée, mais la leur offrir sous une forme qui les habitue
à l'acquérir eux-mêmes et à se l'approprier ainsi plus
sûrement........

. . . . . . . . . . . . . . . . .

De nos jours, ce sera en vain que le chirurgien possè-
dera l'art, la science et le manuel de la chirurgie, s'il ne
connaît ni l'art, ni la science de se faire payer. Il est donc
nécessaire de le prémunir contre les difficultés qu'il ren-
contrera à cet égard dans sa pratique. Il y a des malades,
parmi les riches, assez misérables, assez avares et assez
stupides pour ne donner absolument rien à leur chirurgien ou pour lui donner un salaire médiocre : ils s'ima-
ginent qu'ils font bien les choses à son égard en lui comp-
tant 12 deniers ou 2 sols par jour, absolument comme
ils le feraient à l'égard d'un maçon, d'un pelletier ou
d'un tailleur (1). Ils ne réfléchissent pas qu'il n'y a pas

(1) C'est une assertion dont l'exactitude est facile à vérifier. Je trouve
dans les comptes de la construction de St.-Jacques de l'hôpital de Paris,
en date de 1320, que Henri de Baussant, maçon ( c'est-à-dire archi-
tecte ), est payé par jour 2 s. 2 d. ; Conrart de Saint-Germain, imagier,
chargé de sculpter un chapiteau et un bénitier, 2 sous; les simples manœuvres, 1 sou. Nous rappellerons que, d'après les évaluations de
M. Leber et en tenant compte du *pouvoir* de l'argent, le sou représentait,
dans la première moitié du XIV<sup>e</sup>. siècle, 4 fr. 1 c. environ.

de richesses égales à la santé, pas de pauvreté comparable à la maladie. Aussi, la loi dit-elle que le corps humain doit être préféré à quelque chose que ce soit. N'est-il pas singulier, je dirai même intolérable, de voir un chirurgien recevant un salaire médiocre pour avoir sauvé un bras, une main? Ne peut-on pas lui appliquer ces paroles du poète :

« Non sibi, sed aliis aries sua vellera portat (1)? »

A quoi donc sert au chirurgien fameux, renommé et consciencieux, de courir tous les jours, du matin au soir, de malade en malade; de repasser dans sa mémoire, toutes les nuits, les choses qu'il a vues le jour et qui intéressent la santé de ceux qu'il soigne ; de pourvoir à tout ce qui pourra survenir le lendemain matin; de consumer sa vie entière au service des autres et d'entendre dire qu'il accomplit des choses admirables? A quoi, dis-je, lui servira tout cela, s'il n'est pas récompensé par un salaire en rapport avec son travail et les bienfaits qu'il répand autour de lui? Est-ce que la loi ne dit pas : *Nemo tenetur propriis stipendiis militare?* Le peuple n'ajoute-t-il pas, dans sa sagesse: *Tout travail mérite salaire et récompense?* Il est très-facile de démontrer que les chirurgiens doivent recevoir un salaire plus grand que quelque autre opérateur ou ouvrier que ce soit. 1°. Un chirurgien habile et éloquent ne peut-il pas, lorsqu'il a guéri un malade, lui parler en ces termes: Monsieur,

---

(1) Nous ne saurions dire à qui ce vers appartient ; tout le monde connaît la pièce ancienne où la même idée est si heureusement versifiée :

Sic vos, non vobis vellera fertis, oves...

4

n'est-il pas singulier que vous ne fassiez aucune différence relativement au salaire entre les chirurgiens-médecins lettrés, et les tailleurs, les pelletiers ou autres ouvriers illettrés, purement et stupidement mécaniques? Si, en effet, vous sentiez la différence qui existe entr'eux, vous sauriez très-bien donner à chacun un salaire convenable. Ignorez-vous donc que le chirurgien conserve la santé, guérit la maladie, répare les organes lésés, et, par conséquent, sauve la vie, tandis que le pelletier ne répare que des fourrures qui ne préservent, après tout, que du froid et ne sont même d'aucune utilité quand l'hiver est passé? Comment pourrait-on les comparer? Donc les chirurgiens méritent un plus gros salaire que quelqu'ouvrier que ce soit. — 2º. Le chirurgien apprend son art en étudiant, en assistant aux leçons des maîtres, en discutant, en lisant, en opérant; il faut qu'il ait l'intelligence facile, subtile, une heureuse disposition naturelle, un génie inventif, les organes agiles, afin que toutes les fonctions de l'âme s'exécutent virilement. Les ouvrages purement mécaniques ne s'apprennent, au contraire, que d'une manière: en voyant travailler. Un sourd, un muet, un boiteux, un homme enfin très-imparfait peut se familiariser avec eux. Donc, etc. — 3º. Un chirurgien, pour être accompli, a besoin de plus de conditions qu'un médecin: il faut que le chirurgien connaisse la médecine, et que, de plus, il apprenne la manière d'opérer manuellement: ce qui exige une étude profonde, une grande aptitude, de grands labeurs, beaucoup d'attention de persévérance, et, par conséquent, un temps considérable. Mais les ouvriers voués aux travaux purement mécaniques en peu de temps passent maîtres, et en dix ou douze années, souvent moins, ils deviennent parfaits.

Donc, etc. — 4°. Partout on trouvera des ouvriers capables, mais non des chirurgiens habiles. Partout on trouvera des abbés et des prélats instruits; ceux qui ne savent ou ne peuvent remplir leurs fonctions se font aisément remplacer par d'autres, qui s'en acquittent aussi bien ou mieux qu'ils ne le feraient. Le chirurgien ne peut confier son mandat à personne: il faut qu'il opère lui-même. Donc, etc., etc.

. . . . . . . . . . . . . . . . .

—11°. Nulle part, dans les saintes Écritures, il n'est marqué que le Sauveur ait exécuté quelqu'autre travail manuel que celui du chirurgien; nous l'y voyons, de ses propres mains, de sa propre salive, rendre la lumière aux aveugles. Donc, etc

. . . . . . . . . . . . . . . .

—13°. Le confesseur ne sauve que l'âme du pêcheur. Le chirurgien, avec quelques topiques, ou même avec la parole seule, sauve un doigt, une main, un bras, et par suite la vie à de pauvres ouvriers malades, lesquels, s'ils mouraient, entraîneraient la mort de leurs femmes, de leurs fils, qu'ils soutiennent de leurs labeurs. Donc, etc.

. . . . . . . . . . . . . . . .

On compte, de nos jours, trois sectes parmi les chirurgiens: 1°. la secte des Salernitains, savoir : Roger, Roland, les quatre maîtres, Alfanus, et leurs partisans. Ils donnent indifféremment à tous les blessés, pour nourriture, des herbes, des fruits ; jamais de viande, ni rien de semblable. Pour toute boisson, de la tisane, de l'eau chaude ; pas de vin pur, pas même d'eau coupée de vin. Ils élargissent toutes les plaies, les très-grandes exceptées pourtant ; ils les remplissent de tentes jusqu'aux bords, et par là ils engendrent de dangereux abcès ; —2°. la secte de Guillaume de Salicet et de maître Lanfranc. Elle a un peu modifié le traitement de la première, en donnant du vin et de la viande à quelques blessés, aux faibles, aux malades d'un tempérament froid et humide, aux femmes aux estomacs débiles. Aux autres, aux adultes à tempérament chaud, ils donnent de la tisane, des infusions de simples, une décoction de grenades, des herbes, des fruits, des amandes, etc. Ils élargissent certaines plaies, et non d'autres; dans quelques-unes, dans celles du crâne, par exemple, ils arrachent des os avec violence, ce qu'ils se garderont de faire dans d'autres cas; — 3°. la secte de maître Hugues de Lucques et de frère Théodoric. Elle ajoute quelques pratiques heureuses aux deux sectes précédentes et les corrige sur plusieurs points. Ces praticiens permettent et prescrivent à leurs blessés une chère succulente; ils donnent à tous indifféremment, pour boisson, du vin pur; ou s'ils y mettent de l'eau, c'est en petite quantité; point d'eau pure ni de tisane. Pour nourriture, de bonne viande, d'une digestion facile, des œufs, du pain; ils défendent les huiles, les fruits et les aliments analogues; jamais ils n'élargissent les plaies; jamais ils n'arrachent violemment un os d'une plaie de la tête avec fracture du crâne. Chacune de ces trois sectes a eu ses écrivains...

. . . . . . . . . . . . . . . .

On sait que les propriétaires de fermes posent, entre leurs biens et ceux de leurs voisins, des bornes destinées à éviter toute discussion et que, malgré ces précautions, on en voit qui, poussés par la cupidité et l'avarice, jettent leur faux dans la moisson d'un autre, nourrissent contre leurs semblables de la haine jusqu'à désirer leur mort; les mêmes misères s'observent entre les médecins

et les chirurgiens ou entre les médecins seuls. C'est pourquoi les auteurs en médecine, pressentant que l'avarice,
la cupidité pourraient bien envahir peu à peu le cœur des
médecins et des chirurgiens, et désirant aller au-devant
des dangers futurs, posèrent entre eux, pour le bien
de la paix, selon Dieu, la justice et la raison, certaines
bornes destinées à bien marquer les espèces de maladies
que les uns et les autres devaient traiter, donnan taux médecins deux parts et aux chirurgiens une seule part, ainsi
qu'on peut le voir dans une foule de traités. Ils décla-
rèrent que les médecins devaient prescrire les médecines
et ordonner le régime, tandis que les chirurgiens devaient
seulement opérer manuellement.. Toute maladie dans
laquelle il s'agirait de médecine interne, de régime, etc.,
serait donc laissée aux médecins, et toute maladie dans
laquelle il s'agirait d'opération manuelle serait du
ressort des chirurgiens; toutes les maladies enfin dans
lesquelles on emploierait l'un et l'autre mode de traitement appartiendraient en commun aux médecins et aux
chirurgiens. Or, comme ni les médecins, ni les chirurgiens n'ont respecté les limites qui leur étaient imposées;
comme, en outre, les médecins faisaient mine de vouloir
engloutir avidement toutes les maladies et que les chirurgiens furent amenés, de leur côté, à enlever aux médecins leurs clients, le peuple des parties de l'Occident (il
n'en est pas de même dans d'autres pays), indigné à
juste titre de ces divisions, décréta par qui chaque maladie devait être traitée, savoir: que toutes les maladies
apparaissant à l'extérieur, dans telle partie du corps que
ce soit, telles que plaies, ulcères, abcès, gale, maladies
des mamelles, hémorrhoïdes, impétigo, etc., toutes les
maladies externes de la tête, des bras, des hanches, etc.,

dont le siége peut être assigné, quoiqu'il n'en apparaisse rien au dehors, telles que douleurs des jointures, faiblesse de la vue, surdité, douleurs dans les mains, etc., seront l'affaire des chirurgiens, et ce n'est qu'aux chirurgiens qu'on aura recours pour leur traitement. Quant aux maladies internes du crâne et à celles qui ont leur siége dans les cavités internes du corps, excepté pourtant l'hydropisie et quelques autres affections semblables, le même peuple décréta qu'elles appartiendraient aux médecins et aux médecins seulement. Cette délimitation nous plaît beaucoup à nous chirurgiens, et plaise à Dieu qu'elle dure dans la suite des siècles et qu'elle soit respectée d'une manière inviolable ! Que nul médecin n'ose donc enfreindre une aussi juste délimitation et ne soit assez téméraire pour s'y opposer ! Que celui qui se mettra dans ce cas soit, *ipso facto*, et de par l'autorité du même peuple, frappé d'une sentence d'excommunication, dont il ne pourra s'absoudre qu'en venant, la cuisse fracassée dans le trajet, demander pardon aux chirurgiens !......

Par les extraits qui précèdent et que nous avons traduits aussi fidèlement que possible, le lecteur a pu juger Henri de Mondeville comme écrivain, comme savant, comme philosophe, et vivre, pour ainsi dire, pendant quelques instants, de la vie des médecins-chirurgiens au moyen-âge.

Nous avons maintenant à voir le chirurgien de Philippe-le-Bel aux prises avec la pratique, et à comparer ses œuvres avec celles des écrivains qui l'ont précédé ou suivi.

Un point est, ce nous semble, dorénavant acquis à Henri de Mondeville : c'est qu'il fut homme de science, théoricien avant tout, médecin-chirurgien clerc, lettré (1), et que toute sa vie s'est passée à s'élever contre la séparation brutale de la chirurgie et de la médecine, contre la dégradation de son art lorsqu'il tombe entre des mains purement mécaniques, contre le charlatanisme, contre les prétentions du clergé et des empiriques, contre tous les abus, enfin, qui, à cette époque, déshonoraient la science.

Henri de Mondeville était familiarisé avec la lecture des principaux auteurs de l'antiquité : philosophes, historiens, poètes, grammairiens et médecins, et des livres de médecine et de chirurgie que des savants composèrent du X$^e$. au XIV$^e$. siècle, et en particulier les livres arabes. Nous en avons la preuve dans les nombreuses citations qu'il fait : Hippocrate, Platon, Aristote, Dioscoride, Galien, Caton-l'Ancien, Ovide, Horace, Ausone, Ptolémée, Pline, Priscien, Jean Damascène, Boèce, Haly-Abbas, Avicenne, Rhasès, Averrhoès, Serapion, Raby, Moyses, Albucasis, Johannitius, Simon de Gènes, Albert-le-Grand, Constantin-l'Africain, Urson, Nicolas, Théodoric et son frère, Guillaume de Salicet, Lanfranc,

---

(1) Chirurgien de *robe longue*, comme on a dit plus tard.

Bernard de Gordon, Alfanus, Thadée de Florence, Arnauld de Villeneuve et un Barthélemy que nous ne voyons mentionné nulle part ailleurs et qui aurait composé un *Practica medicinalis.*

Sa réputation était, du reste, assez bien assise pour que Guy de Chauliac, peu prodigue d'éloges, l'ait cité quatre-vingts fois, l'ait félicité d'avoir le premier usé de figures pour la démonstration de l'anatomie, et l'ait signalé comme ayant grandi à Paris dans la société des philosophes : « nutritus Parisius inter philosophos. »

Son *Traité de Chirurgie* se distingue par une méthode qu'on ne rencontre pas au même degré dans les œuvres de Théodoric, de Lanfranc et de Guillaume de Salicet, qui vécurent peu de temps avant lui. Il se fait remarquer encore par un esprit indépendant et par sa répudiation absolue de toutes les manœuvres empiriques, irrationnelles ou surnaturelles. « Les chirurgiens, dit-il, doivent pratiquer leur art d'après les canons de la médecine et n'ajouter foi ni aux augures, ni aux oracles, ni aux sortiléges, ni à la géomancie. » Si, d'après les Arabes et les contes débités par le grave Galien lui-même, touchant les prétendus effets merveilleux du corail, il reconnaît l'action des amulettes appliquées sur un point du corps, il l'explique par leur influence heureuse sur le moral des malades, et par ce que « l'état de l'âme peut singulièrement modifier l'état du corps. » Il cite, à cette occasion, un fait arrivé rue des Marmousets, à Paris : un homme était tombé mort, comme frappé d'un coup de foudre, parce qu'un de ses camarades, pour l'effrayer, lui avait approché son épée nue de la gorge, sans pourtant le toucher, en proférant contre lui d'effroyables menaces.

Son *Traité des plaies*, avons-nous dit, est la partie la plus importante du travail de notre chirurgien, celle qui semble avoir le plus attiré son attention. C'est à ce chapitre, si important dans toute œuvre chirurgicale, qu'il faut rapporter ces paroles de l'illustre médecin et chapelain du pape Benoît V, Guy de Chauliac : « Henri de Mondeville a tenté de marier ensemble les idées de Théodoric et celles de Lanfranc. » Il eût été plus juste de nous donner Henri de Mondeville comme le partisan presque exclusif de Théodoric ; c'est ce que nous tenons de lui-même : « *Nos moderni,* écrit-il quelque part, *qui sumus de secta fratris et magistri Theodorici et filii et hæredes.* » Sa méthode ne diffère presque en rien de celle de l'évêque de Cervie : il donnait à tous ses blessés une nourriture fortifiante et du vin généreux ; il réprouvait l'usage des tentes, ou l'extraction violente des fragments osseux dans les fractures du crâne ; — méthode barbare, parce qu'elle était systématique, mais dont il faut accuser bien moins notre chirurgien que l'époque où il vivait.

Il n'était pas, du reste, sans danger, en l'an de grâce 1306, même en chirurgie, de contrarier des idées généralement reçues, et de se faire le champion des méthodes qui n'avaient pas reçu la consécration de l'habitude et du temps. Henri de Mondeville et son cher maître, Jean Pitart, purent s'en convaincre, lorsque, les premiers, ils osèrent mettre en pratique les idées préconisées par Théodoric dans le traitement des plaies. Écoutons le récit des tribulations que subirent les deux chirurgiens de la Cour :

Il est très-dangereux, écrit Henri de Mondeville, pour un chirurgien dont la réputation n'est pas bien établie, de faire autrement que les autres, de traiter les plaies selon la méthode de Théodoric, par exemple. Aussi, maître Jean Pitart et moi, qui les premiers avons importé en France les doctrines de ce chirurgien touchant la cure des plaies, et qui les avons mises à profit, soit à Paris, soit à la suite des armées, contre l'opinion de tous, et particulièrement des médecins, avons eu à supporter, de la part du peuple de grosses injures, de la part de nos collègues les chirurgiens beaucoup de menaces, et de la part des médecins, chaque jour, au lit de chaque malade, des oppositions et des révoltes. Aussi eussions-nous, fatigués d'une opposition aussi acharnée, fini par abandonner cette méthode, si notre sérénissime prince, Charles, comte de Valois, et ceux qui nous avaient vus dans les camps traiter et guérir de graves blessures, ne fussent venus à notre aide, et si nous n'eussions été soutenus par la vérité pour laquelle tout homme doit même mourir (Dieu, qui est la vérité même, n'a-t-il pas souffert la mort pour elle ? ) ; si , enfin, nous ne nous fussions pas sentis forts de l'appui du roi et de la Cour.

Un chapitre nous a surtout frappé : c'est celui qui est consacré aux hémorrhagies, aux lésions des gros vaisseaux et surtout des artères. On pouvait raisonnablement s'attendre à ce qu'il n'y fût point fait mention de la *ligature immédiate*, comme moyen efficace et sûr de s'opposer à l'écoulement du sang. Cette méthode, indiquée vaguement par Celse et par Galien, plutôt encore comme une dernière ressource que comme un procédé habituel, se trouve parfaitement décrite dans Henri de Mondeville, qui ne se l'approprie pas du reste, mais qui en reporte tout l'honneur à Lanfranc. Il est hors de doute qu'au XIIIe. siècle, lorsqu'une hémorrhagie ne pouvait être arrêtée par les topiques, les poudres, les escharotiques, on avait recours à la ligature immédiate du vaisseau; on incisait la peau de manière à mettre à découvert l'artère intéressée; on attirait au dehors, avec des pinces, ou même avec un crochet (*uncinus*), l'extrémité du tube; on le *tordait (torquere , con-*

*torquere,* disent les textes ); on le liait, puis on
réunissait par suture les lèvres de la plaie, et on
laissait les fils pendre au dehors ; enfin, on enlevait
ces derniers lorsque les bourgeons charnus avaient
pris un développement considérable. On ne fait
guère mieux aujourd'hui, si ce n'est que l'on géné-
ralise un moyen qui n'était employé que lorsque
d'autres d'une valeur très-inférieure avaient été
mis inutilement à contribution. Un pas de plus,
et l'application de la ligature des artères dans les
amputations était découverte ; c'est un fleuron
qu'on eût dérobé à l'avance à la glorieuse couronne
de notre Ambroise Paré !

Mais Henri de Mondeville, qui ne connaissait
pas les phénomènes de la chute spontanée d'une
ligature, exprime des craintes, mal fondées assu-
rément, pour le succès de cette méthode, qu'il
semble ne pas avoir mise lui-même en pratique :
« Ou le fil tombe, dit-il, avant que la plaie
soit remplie de chair, ou bien il ne tombe qu'après ;
dans le premier cas, le sang continue à couler ;
dans le second, on ne pourra enlever le fil sans
inciser de nouveau les chairs régénérées. » C'est
d'après cette fausse interprétation qu'il propose un
nouveau mode de ligature très-ingénieux, et
qu'il est bon de constater. Il prend un fil d'une
grosseur et d'une longueur convenables ; il le plie
en deux, de manière qu'un des bouts soit double

en longueur de l'autre. Il fait un nœud à l'extrémité du bout le plus court, afin de pouvoir le
reconnaître. Alors, saisissant de la main gauche
le bout le plus long, c'est-à-dire celui qui n'a
pas de nœud, il en glisse l'extrémité libre dans
l'anse formée par le pli de la ligature. Engageant
ensuite l'extrémité de l'artère dans cette espèce
d'anneau, il serre le vaisseau autant qu'il le veut
en prenant la précaution d'y faire deux tours. Les
bouts de la ligature restent pendants au dehors de
la plaie. Veut-on alors enlever la ligature? on
n'aura qu'à exercer une légère traction sur le bout
armé de son nœud, et toute la ligature viendra
comme d'elle-même. Veut-on, au contraire, serrer
davantage la ligature? on n'aura qu'à tirer plus
ou moins fortement le bout qui n'a pas de nœud.

Nous n'avons que peu de chose à dire sur le
chapitre des ulcères, dont notre chirurgien reconnaît cinq espèces : le concave, le virulent, le sordide, le corrosif et le putride. Cette division a été
servilement copiée par Guy de Chauliac. L'ulcère
putride était appelé mal de *Notre-Dame*, en
France; mal de *saint Antoine*, en Bourgogne;
feu de *saint Laurent*, en Normandie. En parlant
de l'hydrophobie, l'auteur relate l'observation
curieuse de l'épicier de l'archevêque de Narbonne,
qui mourut hydrophobe, à Paris, sans avoir
jamais été mordu par un chien enragé: *absque
aliquo morsu aut lesione, aut causa extrinseca,*

La fistule à l'anus est décrite avec beaucoup de soin : Henri de Mondeville en distingue deux espèces, suivant que le *rectum* est ou non perforé. Les moyens curatifs qu'il propose, d'après Théodoric, Lanfranc, Roger et Brunus, ne diffèrent guère de ceux que décrit plus tard Guy de Chauliac, et même de ceux qui sont aujourd'hui mis généralement en pratique ; l'opération de la fistule pénétrant dans le *rectum* s'exécute soit par la constriction graduelle, au moyen d'un fil de plomb, soit par la section, avec un bistouri dirigé par le doigt introduit dans le *rectum*, ou par une espèce de sonde cannelée en bois. On ne fait pas autre chose au XIX^e. siècle.

Notre auteur n'a pas moins bien décrit l'anthrax, en le différenciant du furoncle ordinaire. Il nous fait connaître, à cette occasion, une coutume barbare qui avait cours en beaucoup d'endroits, et qui consistait à promener jour et nuit, sans relâche, par les rues et les places, dans les villes, avec accompagnement de trompettes et de tambours, les malheureux atteints de ce mal, qu'on forçait ainsi à danser, jusqu'à ce qu'ils tombassent épuisés sur le sol. Parfois le patient mourait au milieu ou à la suite de cette imprudente promenade. On peut se rappeler, à ce propos, ces épidémies de folie dansante, qui surgirent en divers pays et à différentes époques, en 1027, près de Bernberg ; en 1237, à Arnstadt ; en 1278, à Utrecht ; en 1374, à Aix-la-Chapelle ; en 1418, à Strasbourg ; épidémies mentionnées par Raynald ; John Wier, Spangenberg, Schiltien, Trithème, Pistori, Kœnigshoven, C. Baron, J. Agricola, Wirthwein, Théodoret, Beckmann, Paracelse, et dans lesquelles des milliers d'individus, hommes, femmes, enfants, se mettaient à sauter des journées entières, dans les rues, dans les places, dans les églises, jusqu'à tomber évanouis sur le sol. Des milliers de malheureux ont ainsi perdu la vie : et c'est même à la prétendue influence curative de saint Vitus dans cette singulière anomalie du système nerveux, que nous vient le nom de *danse de saint Gui* (altération de *saint Vitus*), donnée aujourd'hui à la chorée.

L'amputation des membres en est encore, dans le livre de Henri de Mondeville, à cet état d'imperfection que l'on constate chez tous les auteurs anciens ou du moyen-âge. C'est toujours la crainte des hémorrhagies qui arrête le chirurgien. On n'amputait guère que dans les cas de gangrène, et l'instrument tranchant n'exerçait son action que précisément au point de délimitation des parties saines et des parties frappées de sphacèle. Nous ne parlerions donc pas de ce chapitre si nous n'y eussions trouvé un remarquable passage, qu'il semble avoir emprunté à Théodoric auquel Guy de Chauliac, qui le cite aussi, le rapporte... Il est question, en cet endroit, *d'endormir* le malheureux qu'on doit amputer, *afin de lui éviter la douleur de l'incision.* Le voici littéralement : « *Sunt qui* (chirurgici) *dant medicinas obdormitivas, ut patientes non sentiant incisionem, velut opium, succus morellæ, hyoscyami, mandragoræ, cicutæ, lactucæ. Imbibunt in eis spongiam novam, et permittunt eam ad solem exsiccari; et quando erit necesse, mittunt illam spongiam in aqua calida, et dant eam ad odorandum tantum usquequo patientes capiant somnum. Et postea, cum alia spongia in aceto infusa, naribus applicata, expergefaciunt ut evigilant eos.* « N'est-ce pas là, en quelque sorte, cette merveilleuse méthode d'inhalation anesthésique de nos jours, à laquelle avaient déjà songé les médecins de l'antiquité, et que nous retrouvons au XIIIe. siècle ?

Les limites de cette notice ne nous permettent pas de poursuivre plus loin l'analyse de l'œuvre d'Henri de Mondeville, qui eût formé un cours presque complet de pathologie interne et externe, si l'auteur eût assez vécu pour remplir le cadre qu'il s'était tracé. Mais on nous saura gré de reproduire au moins, en terminant, les titres non-seulement des chapitres qu'il a pu rédiger, mais encore de ceux que la maladie et la mort l'empêchèrent d'écrire. Nous imprimons en italique les titres des parties qu'il n'a pu achever.

### CHYRURGIA MAGISTRI HENRICI A MONDAVILLA.

nium quæ sunt inter labia vulnerum præter naturam.

Cap. IX. — Quæ vulnera sunt periculosa et mortalia, et quæ non.

Cap. X. — De quibusdam medicinis conferentibus ad curam quorumdam vulnerum, et de modo per quem quælibet earum in dictis vulneribus operent; et quomodo inter se communiter differant; et quando et quomodo debeant ministrari.

Cap. XI. — De spasmo et cæteris impedimentis retardantibus curam vulnerum.

Cap. XII. — De cura concussionis, ubicumque sit.

**Secunda doctrina.** — Prohœmium.

Cap. I. — De universali et particulari cura ulcerum, quæ, nomine communi absoluto, vocantur ulcera, non fistulæ, neque cancera.

Cap. II. — Modus specialis faciendi cauteria propter curas ulcerum.

Cap. III. — De cura fistularum.

Cap. IV. — De cura canceris ulcerati.

TERTIUS TRACTATUS. — De cura omnium morborum qui non sunt vulnera, nec ulcera, nec ossium passiones, et pro quorum cura ad cyrurgiam habetur recursus. — Prohœmium.

**Prima doctrina.** — De quibusdam evacuationibus cyrurgicis communibus conferentibus in curationibus morborum, et in regimine sanitatis, sicut sunt incisiones, cauteria et similia; et de quibusdam aliis conditionibus necessariis in hac arte, ut de custodia corporum mortuorum, amputatione membri corrupti et similibus; et de decoratione. Præterquam, de morbis apparentibus aliquo membro, sicut gutta rosacea faciei.

FINIS TABULÆ.

# APPENDICE.

Nous donnons ici quelques pages du texte
même de l'ouvrage que nous avons longuement
analysé , pour que nos lecteurs fassent une connaissance plus complète avec le style et la lati-
nité de notre écrivain, que déjà de courts extraits,
mis en note au bas des pages , ont commencé à
leur faire connaître.

## I.

### PRIMUS TRACTATUS. — PROHŒMIUM.

Ad honorem, laudem et gloriam Jhesu-Christi, et
beatissime Virginis Marie , matris ejus, et beatorum
martyrum Cosme et Damiani ; ac illustrissimi domini
Philippi, Dei gratia Francorum regis ; necnon et sere-
nissimorum quatuor ejus liberorum , videlicet : domini
Ludovici, primogeniti , jam regis Navarre , post modum
Philippi, Karoli et Roberti, qui omnes felices vivant,
fortunati valeant et longevi, cum tota sua prosapia pre-
fulgenti , ut possint commode regere populum Gallica-

num. Insuper ad utilitatem communem, quæ secundum Philosophum ( 2°. *Politicorum* ), preponenda est utilitati singulari.

Ego, Henricus de Amondavilla, illustrissimi domini Regis predicti cyrurgicus, studens et commorans in preclarissima civitate Parisiensi et precellentissimo studio, quoad presens, scilicet anno Domini M° CCC° atque sexto, propono breviter conscribere et ostendere publice, sensibiliter, et in scolis, prout mihi possibile est, totam operacionem cyrurgie manualem.

Continebit, autem, ista Cyrurgia quinque Tractatus :

Primus erit de anathomia, tanquam de fundamento cyrurgie, breviata quantum spectat ad cyrurgicorum instrumentum, sicut ipsam proposuit Avicenna, prout per me et per quosdam meliores melius extrahi potuit ab eodem, et sicut per experienciam eam vidi.

Secundus Tractatus erit de cura universali et particulari vulnerum, et contusionum, et ulcerum, prout melius extrahi potuit a primo et secundo libro *Majoris Cyrurgie* Thederici, cum quadam nova et facili noviter acquisita, et deducta in lucem per experienciam modernorum.

Tertius Tractatus erit de curis omnium morborum qui non sunt vulnera, nec ulcera, nec ossium passiones ; qui morbi communiter accidunt omnibus et singulis membris, a capite usque ad pedes, pro quorum cura, necessarie, ad cyrurgicos habetur recursus.

Quartus Tractatus erit de cura fracturarum, dislocacionum, torsionum, et plicacionum ossium.

Quintus [ erit ] Antidotarium.

Et istos ultimos tres Tractatus, eo modo quo nunc dictum est, ordinavit magister Lanfrancus de Mediolano in sua *Cyrurgia.* Isti, autem, prevocati tres, videlicet

Avicenna in anathomia, Thedericus in cura vulnerum,
Lanfrancus in cura ulcerum et ceterorum morborum ,
judicio meo, optime processerunt, et præ ceteris omnibus
autoribus et practicis , in predictis singulis , prout pro-
posita sunt, claruerunt. Sed, quoniam in humanis operibus nihil sit omnino perfectum ; imo, successores minores
quicumque predecessorum suorum majorum editiones
excellentissimas meliorant, corrigunt et decorant, su-
peraddendo ea que ab ipsis per experienciam et assuefac-
tionem in opere noviter sunt recepta ; et quoniam illud
idem quod aliquis ordinat una die, in crastino, aut statim
ipsemet aliter ordinat et disponit ; super quo dicti tales
merentur laudes et gracias reportare , qui incitant intellectum artificis scientifici ad melius operandum, ut possit,
sicut possibile est, ordinare opus irreprehensibile et perfectum. Ideo , non tedeant auditores si , juxta ordina-
ciones predictorum magistrorum nostrorum, quecumque
addam , aut subtraham, aut transponam, supplicans
legentibus opus istud, ut ipsi , ad utilitatem communem
benigniter addant ejus defectibus complementum, juxta
dictum Galeni (5°. de morbo et accidenti; 5°. et ultimo
capitulo quod incipit: Dico namque quod mala complexio, etc. ), dicentis: « Dicta antiquorum debent a suc-
« cessoribus amicabiliter aplanari. Et si quid ibi deest,
« debet ab eis benigniter adimpleri. » Hoc, autem,
nunc dicto modo : Quidam operatores discurrentes Parisius , per vicos et plateas diebus dominicis et festivis
recurrentes , indagantes et retractantes opera mechanica
ut parietes, domicilia et similia, jam incepta et completa,
multum proficiunt operatoribus previdendo , et burgen-
sibus in edificiis construendis. Quare vocantur operatores
dominici et festivi.

6

Retractans, ergo, predictorum [ magistrorum ] nostrorum, et aliorum cyrurgicorum famosorum, diligenter ediciones peroptimas, jam completas, ea omnia, nullo abscondito, quæ potui perpendere Parisius et Montispessulani, operando, audiendo, et per plures annos legendo cyrurgiam publice, utrobique et in solo Montispessulani studio, medicinam, predictis omnibus superaddam, cum omnibus, similiter, quæ per experienciam et doctrinam, a magistris meis omnibus, et ubique, precipue a magistro meo peritissimo et expertissimo in dicta arte, scilicet, a magistro Johanne Pitart, illustrissimi predicti domini nostri Regis similiter cyrurgico, ipsos audiendo docentes et videndo practicantes, potui congregare.

Unde discipuli volentes addiscere cyrurgiam gaudeant. et lætentur, intelligentes, precipue litterati, qui medicine saltem principia communia cognoverunt, et qui intelligunt verba artis, quoniam pro ipsis opus hujus principaliter ordinatum est.

Utrum, autem, illiteratis proficiat aut non proficiat, penitus non excludo.

Sunt enim, eorum aliqui, quanquam ydiote et simpliciter ignorantes, mirabiliter superbi et elati, dicentes se, hujusmodi manualem operacionem, malis gratibus cyrurgicorum clericorum, a tempore a quo non est memoria, a suis primævis parentibus, similiter illiteratis, successivam connaturalem et hereditariam, habuisse; quibus, tanquam suæ stoliditatis participes et consortes, omnes illiterati acquiescunt, nobiles, primiti, et principes his diebus, et, per consequens, totus vulgus : unde sepissime gravissima pericula consequuntur. Dictis, autem, superbis illiteratis cyrurgicis, et eorum pacientibus, et ipsos credentibus, doctrina presens nostra in suis necessitatibus non succurrat, sicud etiam Deus ipsum dedignantibus non succurrit.

Sunt, autem, alii illiterati cyrurgici, magis familiares, non rebelles, condolentes ultra modum quod litterarum scientiam et artem cyrurgie non noverunt, confidentes illud modicum de scientia quod ipsos possibile est habere, a cyrurgicis litteratis et medicis habuisse; quibus merito concedatur quod sibi et suis patientibus, in suis egritudinibus, doctrina nostra proficiat ad salutem, sicud et Deus humiliter petenti veniam non negaret.

Gaudere, autem, possunt et debent litterati cyrurgie discipuli supradicti, et cum eis totus populus, si advertat, quoniam hic eis offertur quod breviter, quiete, gratis, et caritative potuerunt de cetero adipisci quidquid de cyrurgia nos moderni omnesque predecessores nostri, discurrentes ubique terrarum, et per famosa studia, acquisivimus cum gravibus et diuturnis laboribus et expensis, personas nostras, cum hoc gravissimis periculis, et penuriis plurimis exponentes. Preterea, eis, ut dictum est offeruntur hic secreta, quam plurima rationabilia et experta, electa ab auctoribus medicine, habitaque et derelicta in scriptis et alibi, sparsim et diffuse, ex proborum sapientium experiencia antiquorum, quæ, tanquam omni sensu cariora, noluerunt filiis et primogenitis, nisi in mortis articulo, revelare.

Ex predictis, autem, sic successive ab omnibus auctoribus et sapientibus, usque nunc a prima mundi origine derelictis, et laboriose a successoribus et modernis collectis, saltem ex rationalibus conscribunt moderni cyrurgici, et alii artifices, quilibet in facultate sua propria, libros suos.

Propono, autem, per totum processum hujus summe,

in locis suis, de hiis quæ sunt paucæ utilitatis in opere
manuali, et quæ sunt in aliis cyrurgie summis satis
declarata, et in auctoribus medicine, me valde breviter
et superficialiter expedire ; intendens circa quæcumque
alia in opere utilia, sive facilia, sive difficilia, quæ non
sunt in dictis auctoribus et summis clarissime declarata,
diutius immorari in ipsorum declaracionibus, quantum
ad opus cyrurgicum pertinet, insistere, insudando donec,
quantum melius potero, declarentur. . . . . . . .

## II.

### SECUNDUS TRACTATUS. PROHOEMIUM.

Postquam completus est primus Tractatus hujus Cyrurgie,
qui fuit de anatomia breviata, quantum spectat ad cyrurgicum instrumentum, aggredior, cum Dei auxilio,
secundum Tractatum qui erit de curis vulnerum, contusionum et ulcerum; in quo propono, pro toto posse,
satisfacere et proficere omnibus vacantibus arti et operi
cyrurgie, qui modum nostrum novum curandi vulnera
concupiscunt.

Concupiscunt autem ipsam aliquando aliqui sapientes
provecti, aliquando mediocriter intelligentes et aliquando
ydiote ignorantes.

Concupisci autem debet ab istis, scilicet a sapientibus
provectis, a mediocriter intelligentibus et ab ydiotis
ignorantibus. Provectis autem sapientibus, qui viderunt
opera cyrurgie et qui intelligunt auctoritates, rationes,
causas et principia communia et vocabula medicine, sufficit
habere in scriptis manuale opus cyrurgicum, totum

nudum, causis suis, rationibus et declarationibus denudatum, ut ipsum, tanquam ad thesaurarium memorie, quæ labilis est, habeant refugium et recursum.

Rudibus ignorantibus similiter sufficit opus nudum, quoniam declarationes rationabiles committentes non intelligerent, neque causas.

Mediocriter intelligentibus non sufficit opus nudum; ymo ultra hoc, oportet ipsis hujus operis causas, rationes, declarationes pretendere efficaces.

Ideo in Tractatu, vel textu hùjus prime doctrine, solum et nudum manuale opus cyrurgicum ad propositum ordinavi, ordinans juxta Tractatum tanquam ejus commentum interlineare, dictas ejus causas, rationes et declarationes, in graciliori littera quam sit textus, ut si aliquibus nudus modus operandi sufficit, ipsum solum possint suscipere a ceteris denudatum; et si aliquibus sic nudus non sufficit idem modus, juxta ipsum dictas ejus causas et cetera supra dicta, ipsam declarantiam invenient ad ipsius complementum.

De illis autem decem, que a prooemio primi libri reservavi declaranda, promittens ea in presenti prooemio declarare:

Sciendum, de primo, quod cyrurgicus qui vult regulariter operari, debet prius frequentare loca in quibus periti cyrurgici sepe et sepius operantur, et operationes eorum attendere diligenter, et memorie commendare; deinde, cum ipsis operando exercitari, sicud dicit Haly, sermone nono secunde partis libri completi artis medicine, qui dicitur *Regalis dispositio*, capitulo primo, intitulato: *De divisione cyrurgie*. Dixit similiter Haly supra tegni Tractatu *de causis*, capitulo 33°., quod incipit: *Ejus vero preterquam naturam*. Dicit ibi quod « melior

medicus et cyrurgicus est cujus consideratio est pro-
pinquior veritati. » Quod scitur cum multo studio hujus
artis in opere, et cum bonitate scientie precedentis et
ingenii sani ; et oportet quod medicus sit rememorans
informationis bone, velocis solertie, sani intellectus, bone
visionis , etc. Ex nunc dictis etiam potest elici quod
cyrurgicus debet esse ingeniosus naturaliter : quod etiam
probatur auctoritate Damasceni , secundo aphorismo
ejusdem partis : « Operari secundum libros , absque per-
fecta ratione et solerti ingenio, molestum est ; » et aphorismo tertio ejusdem partis : « Ingenium naturale adjuvat artem et naturam regentem. »

Item , idem probatur : quia multi novi casus se nobis
offerunt omni die, et quia predecessores nostri scribentes
de mera et spontanea gracia, non coacti, omiserunt multa
scribere de necessariis ad hanc artem ; quia forte necessaria ad hanc artem , tempore suo , ad plenum non erant
inventa ; aut quia inventa omnia nesciebant ; aut quia
scita nolebant omnia revelare ; aut quia omnia necessaria
non poterunt codicibus comprehendere , aut si possint ,
prolixitas librorum tedium pareret et contemptum. Quare,
quecumque sibi necessaria in libris cyrurgicus non facile
inveniret, pro quibus , scilicet , novis casibus et omissis
predictis supplendis , necessarium est cyrurgicum fulgere
ingenio naturali.

Ex tunc dictis etiam, et ex auctoritatibus omnium auc-
torum et practicorum, medicorum et cyrurgicorum, patet
quod non est cyrurgicus sufficiens, si non sciat artem
et scienciam medicine, maxime anathomiam, sicut in
principio primi Tractatus hujus summe sepius est pro-
batum. Sine arte , enim , nullus sciret medicamina com-
petentia ordinare ; sed accideret ei sicut illis de quibus

loquitur Philosophus (in fine, secundo Elenchorum), qui emebant unum syllogismum sophisticum; quo communiter cognito, ulterius non valebant, nec ipsi sciebant alterum ordinare.

Duo enim sunt necessaria ad hanc artem, sicut extrahitur a Galeno, aphorismo *De Ingenio*, capitulo tertio : prima, scire cum quibus est operandum; secunda, scire cum eis operari. Prima non potest sciri sine scientia medicine; secundam potest scire cyrurgicus illiteratus, subtilis, habilis et potest, exceptis arte et scientia, omnibus bonis condicionibus sufficientis cyrurgici premuniri.

Debet similiter cyrurgicus esse mediocriter audax; non disputans coram laicis; operans cum provisione et sapientia; non incipiens operationes periculosas, donec sibi provideret de necessariis ad periculum evitandum ; habens bonam formam membrorum, maxime manuum, sicut digitos longos et graciles, mobiles, non tremulos; et cetera omnia membra fortia, ut possit cunctas bonas operationes anime viriliter exercere. Nihil de contingentibus omittatur. Omnibus patientibus salutem promittat. Casum et periculum, si adsit, non occultet parentibus et amicis. Curas difficiles respuat, quantum potest. De desperatis se nullatenus intromittat. Pauperibus consulat propter Deum. A divitibus, si possit, sibi faciat bene solvi. Se ipsum non collaudet. Alios non increpet. Nullum cyrurgicum oderit. Ad bonam famam, quantumcunque potest, laboret. Patientem blandis sermonibus confortet, et ejus justis petitionibus condescendat, vel obediat, si non impediant curam morbi.

Sequitur ergo necessario ex predictis, quod perfectus cyrurgicus est plus quam perfectus medicus, et quod ad ipsum plura requiruntur, scilicet operatio manualis.

## III.

### NOTABILIA INTRODUCTORIA AD TOTAM CYRURGIAM.

Primo notandum est quod qui intrat in ovile non per hostium, fur est et latro. Et quamvis ista propositio scribatur in Evangelio divino, tamen potuit habere locum in qualibet facultate et in omni opere regulato. Nam quicumque vult attingere, in quacumque scientia aut opere, finem debitum et intentum, oportet ipsum per certos limites et hostia subintrare, et si ipse aliter subintrare invitatur aut fingat se intrare, intrabit sicud fur et latro, sicud proditor et deceptor. Et ad hec videtur advertere Galenus, medicorum princeps, pater et patronus, libro suo *De ingenio sanitatis*, capitulo tertio, nolens nos, discipulos suos intrare tanquam fures in ovile medicorum. Imo, patefaciens nobis, scilicet medicis et cyrurgicis, hostia medicine et etiam cyrurgie, dixit: « Particularis curatio non fit nisi duobus modis. « Primus est scire cum quibus sit operandum; secundus, scire cum eis operari. » Unde oportet, antequam cyrurgicus artificialiter curet morbum, ipsum in ovile cyrurgicorum et cyrurgie per hec ambo hostia subintrare.

Ad unumcumque autem istorum hostiorum dirigit nos necessario duplex via :

Ad primum ergo, quod attinet theorice cyrurgie, prima via est audire ejus theoriam, et ad ipsam attendere cum summa diligentia et affectu; quod probatur auctoritate Boetii, libro suo *De Disciplina scholarium*, dicentis: « Nomen magistri assumere non meretur qui prius formam discipuli non assumpsit. » Secunda via est legere ipsam, et de ipsa conferre cum sociis aliis , quia scientia est nobilis animi possessio. Quare , dicit Seneca ( Epistola quinta ) *De Clementia* : « Homines cum docent discunt. »

Ad secundum hostium , quod attinet practica, prima via est videre cyrurgicos operari ; quod patet auctoritate Haly, secunda parte libri sui *De regali Disposito* , sermone nono , capitulo primo , intitulato : *De divisionibus cyrurgie* , nuper allegato circa medium proœmii hujus Tractatus.

Secunda via est , quod oportet cyrurgicus operari diu cum aliis, et postea totus solus ;. et hoc etiam patet in fine, auctoritate Haly preallegati , et potest probari sensibiliter, quia quemcunque aliquis viderit fabricare , nunquam fabricabit bene clarum, donec ipse defecerit in pluribus. Et hoc dicit Philosophus (secundo Ethicorum), scilicet : quod « fabricando fabricamus, » et non dicit « videndo fabricare. » Item patet auctoritate ejusdem dicentis : « Expertos magis proficere vidimus, etc., sed nullus est expertus, nisi prius fuerit diu operator. »

Patet ergo, auctoritatibus Galeni et Haly, quod oportet cyrurgicum intrare gregem cyrurgicorum et cyrurgie per quatuor limites et dua hostia supra dicta, si velit in ipsa proficere et artificialiter operari. Et quicumque alio modo quam dicitur sic intraverit aut finxerit se intrare , intrabit sicud fur, non per hostium, in ovile : sicud faciunt omnes illiterati , sicut barberii , sortilegi , secatores, insidiatores, falsarii, alchemiste, meretrices, metatrices, obstetrices, vetule , Judei conversi, Sarraceni ; et quasi omnes qui bona sua fatue consumpserunt , qui fingunt se cyrurgicos aliunde, ut habeant , bene vivant, et ut sub pallio cyrurgie, cooperiant miserias suas, paupertates et etiam falsitates ; et ut sub umbra artificie

cyrurgie , possint civitates et regna subintrare, explo-
rantes secreta, ut possint ea hostibus reportare. De quibus
talibus deceptoribus et consimilibus loquitur Plinius,
libro suo tertio, dicens : « In hac sola artium evenit
« loquens de medicina et cyrurgia, quod unumcumque
« misero de se ipso professo credatur cum non sit aliquod
« mendacium magis periculosum, etc. » Bene de quodam
tali recitat auctor *De Gestis philosophorum*, capitulo un-
decimo, *De dictis Diogenis philosophi* : quod ipse Diogenes
exiens in quadam civitate, vidit ibi diu quemdam pic-
torem pessime depingentem, cujus picturas totus populus
deridebat. Deinde, vidit ipsum Diogenes in alia civitate,
in habitu pomposo , reputatum magnum medicum et
famosum. Cui tunc dixit Diogenes : « Amice, quantum
« admirandum ! Numquid es tu ille qui solebat tali
« loco, tali tempore, esse pictor, et imo statim factus
« est medicus? Unde miror. Existimo quod tu percepisti
« quod error picture tue perpetuo patebat parietibus,
« et quod patientes ex errore tuo et aliorum stolidorum
« mortui statim sub terra sepeliuntur ; quare, omissa arte
« pingendi, factus es medicus. » De deceptoribus cyrurgicis dixit Haly, libro *De aggregatoribus cyrurgie*, capitulo
ultimo : « quod tot sunt fraudes eorum quod liber suus
totus ipsas comprehendere non posset ; » et recitat ibi
eorum deceptiones et fraudes mirabiles et innumerabiles
falsitates.

Nec videtur multum mirabile si predicti pauperes,
paupertate et necessitatibus coacti , refugiant ad hanc
artem , ut sub ejus pallio se recondant, quoniam inter
artes hæc est magis communis et minus scita et qua
plures indigent; vix enim invenietur aliquis, si bene
inquiratur , quin ipsa non indigeat. Quare in ipsa plures

possunt committere falsitates , et quare vulgus nescit dis-
cernere peritum a non perito, sicut dixit Ypocras in *Regimine acutorum,* capitulo primo. Quare accidit quod in ipsa
deceptores , ignorantes lucrantur , et in ipsa magnifice
exaltantur ; et scientes , veridici et experti opprimuntur,
et vivunt sepe pauperes et mendici. Sed est plusquam
mirabile et absurdum quod nedum predicti, imo reges,
principes et prelati, canonici , curati, religiosi, duces ,
nobiles et burgenses , se de curis cyrurgicis periculosis
sine scientia intromittant , et maxime de curis egritu-
dinum oculorum , quorum cure sunt periculose , difficiles
et fallaces ; ita quod in ipsis curandis cyrurgicus sufficiens
et expertus rarissime reperitur. Et ideo ex erroribus
predictorum , maxime divitorum , religiosorum , ut mo-
nialium , heremitarum et etiam reclusorum , de quibus
populus plus confidit , morbi de se curabiles fiuntur
simpliciter incurabiles aut pejores quam prius. Et quando
destruunt membra et sepius interficiunt patientes , de
predictis autem , religiosis et consimilibus , dicit vulgus
quod tales sciunt cyrurgiam sive artem, et quod ipsis est
infusa mera gracia Creatoris. Et si aliquis simpliciter hoc
non credat, ipse reputatur hereticus et incredulus, aut
infamis. De abusiva credulitate populi et errore circa
curas aliquorum morborum , qui sanctorum nominibus
nominantur : sicud est morbus beate Marie , beati Gre-
gorii, beati Antonii, beati Laurentii, qui sunt idem apud
diversos , scilicet herisipela ; et morbus sancti Egidii , qui
est fistula et ulcera et apostemata apud vulgus ; et morbus
sancti Fiacri, qui est cancer, apostema, ficus, et emorroydes et similia ; et morbus sancti Boni , qui est pana-
ricium ; et morbus sancti Clari, qui est omnis morbus

oculorum; et morbus sancti Lupi, qui est species epilepsie. Et sic de morbis aliis infinitis.

.  .  .  .  .  .  .  .  .  .  .  .  .  .  .  .  .

## IV.

### TERTIUS TRACTATUS. PROHOEMIUM.

Cum ego, Henricus de Amondavilla, scolaris Parisius, hujus mee Cyrurgie aggregator, ac cyrurgicus domini nostri Regis Francie predicti, sicut et alii contemporanei mei et socii servientes, hiis diebus, predicto domino nostro, et suis; cum casus et necessitates se offerunt, absque eo quod faciant nobis bonum maxime, propter quamdam ordinationem malam in suo hospicio noviter ordinatam, ad vittuperium sue regie majestatis; unde dampnum. Cum complevissem primum et secundum tractatum hujus Cyrurgie, cum solius Dei auxilio, a cujus fonte gracie omnis scientia et omne bonum aliud derivantur; cumque legissem predictos duos Tractatus, postquam ipsos compleveram Parisius, anno Domini M° CCC° XII°, publice, in scolis, absque collecta, cum scolarium in medicina, et aliquorum intelligentium maxima et nobilissima comitiva. Tunc, ex causis legitimis, per preceptum domini nostri Regis, apud Atrabatum, apud Angliam, apudque partes alias regni sui, in pluribus suis exercitibus, et in sua curia, sperans quædam debita michi solvi, multum tempus inutiliter consumpsi. Unde doleo ultra modum. Postmodum, etiam ex domini regis mandato alio, excluso tamen omni profectu, redivi Parisius et commorans saltem per modica intervalla, paulatimque primum opus volens resumere pretermissum,

attendens quasi proverbio rusticorum , scilicet, « quod
« qui tempus habet et tempus expectat , tempus ei defi-
« cere consuevit. » Occupatus tamen , Parisius, cum
notitia scolarium , civium, curialium , et pertranseuntium
advenarum , vix possum ordinare aliunde , unicam
lineam una die, cum hoc et quod oportet me scolas intrare et propter lucrum et victum , omni die discurrere
hinc et inde, quoniam sub sola Dei gratia, parum crassa,
cum proprio labore manuum mearum, mihi et toti familie necessaria omnia subministro.

Cause, autem, resumptionis hujus operis 3 fuerunt :
prima , modernorum et futurorum communis utilitas,
ut, sicud predecessores nostri, omnes philosophi , scilicet,
et doctores ad nostrum commodum ( qui futuri eramus ),
labores suos et omnia opera direpuerunt, ita et totus
labor meus et studium ( acquisita michi prius que expe-
diunt sola necessariorum sufficientia, ex quo ipsam non
habeo), aliunde in futurorum commodum ordinetur.

Secunda causa fuit quia, sicud ex divina Scriptura elici-
tur multis locis : « Qui videt proximum suum mori fame
et habens bene, et ipsum non patiens, reus est mortis sue. »
Hinc est quod ego, non cupidus, non emulus, non avarus,
nec amplecti volens avide totum mundum, sed solum
illis quæ mihi ad vitam sunt necessaria contentus; quum
viderem cyrurgiam nostram humano generi valde necessariam , insufficienter traditam , et ipsam possem
aliquantulum melius ordinare, quia nulli obligatus, ut
statim posterius apparebit, nec uxoratus, ne forte,
propter nequitiam mulieris , et propter necessitatem
lucrandi expensas sibi et familie, diverteretur intellectus
meus ab ista pratica componenda, et ab aliis consimilibus
bonis operibus exequendis; propter quod, timens divi-

num judicium, ne fierem reus ignorancie sociorum, pre-sumpsi resumere opus presens.

Tertia causa fuit quia quicunque incipit opus aliquod si tempus habeat, et ipsum non perficit, non potest evadere, qui aliquo vituperiorum sequentum debeat increpari :

1°. Si incepit et non possit [continuare], quum, antequam inciperet, possessum deberet optime inspexisse ;

2°. Si incepit et perficere nequierit vel nescierit, quum scientiam ad opus suum necessariam deberet primitus previdisse ;

3°. Si incepit et noluit, quum velle perficere, antequam incipiat, debeat cadere in animo cujuslibet regulanter operantis.

Unde fatue bonum incipit, qui ipsum ad finem debitum non perducit, et qui non perseverat, quia sola perseverantia coronabitur.

Causa, autem, quare tamdiu distuli cyrurgiam istam perficere aut complère (cum causis aliis nuper dictis), fuit propterea (Deus novit scilicet), ut possem prius plura experiri, perpendere et videre, ut inde opus melius ordinaretur. Sed, quoniam dubito ne morte preveniar, quia nichil certius morte, et nichil incertius hora mortis, et quia nullum cyrurgicum de contemporaneis meis video apud nos dispositum ad studendum, quia de ipsis sunt paucissimi litterati, et si sint aliqui, aut ipsi insufficientes, aut ad lucem penitus se exponunt, ne vellent, lucro assueti, de ipso quinque solidos defalcare, ut ordinarent, ad profectum communem, opus aliquod oportunum ; ideo, ego, non uxoratus, ut predictum est, non prebendatus, nec alicui aut aliquo servicio obligatus, nec ab aliquibus habens stipendium in expensis, nolo propositum ulterius prorogare.

Timore, ergo, mortis compulsus, ne, me mortuo, ista Cyrurgia remaneat incompleta, quod absit! aggredior ordinare quod de ipsa remaneat ordinandum, Christi auxilio primitus invocato, qui intellectum meum obscurum, insufficientem, et indispositum, ad honorem et laborem tanti operis sustinendi, illuminet, perficiat et disponat, ut in suo fusum lumine et virtute totum opus presens faciliter, ut sic fiat, sicud possibile est, irreprehensibile et perfectum, ad ipsius laudem et gloriam, et omnium civium supernorum, et ad communem utilitatem presentium, et etiam futurorum.

Est autem hic attendendo ad evidenciam tituli hujus tertii Tractatus, quod, sicud frequenter accidit et necessarium est inter possessores fermarum, et eorum qui sunt de eadem parentela, ponere certas metas propter pericula evitanda ; et sicut, non obstantibus dictis metis unus aliunde insurgit in messem alterius falcem suam, cupiditate et avaricia obcecatus, et aliunde odit ipsum et desiderat ejus mortem ; — sicut, similiter, inter medicos et cyrurgicos accidit, et inter solos medicos aliunde. Quare, actores medicine, presentientes cupiditatem ipsorum pululantem, et avariciam germinantem, cupientes futuris periculis obviare, et scientes, sicud dicit Philosophus, primo Ethicorum, quod « quamvis fi-
« gulus diligat figulam per se, scilicet, ratione similitu-
« dinis, odit tamen ipsam per accidens, quantumcumque
« sibi propinquus fuerit, aut amicus, quia subtrahit sibi
« lucrum, » posuerunt inter ipsos, propter bonum pacis, et secundum Deum et justiciam, et rationabiliter, certas metas in egritudinibus procurandis, sicud prius ostensum est, notabili 2°. Preambulo secundæ Doctrinæ secundi

Tractatus, dantes medicis 2 partes, et cyrurgicis tertiam partem solum, sicut patet eorum auctoribus infinitis; ita, scilicet, quòd medici debent tradere medicinas, et injungere debitum regimen patienti; et cyrurgici debent solum manualiter operari. Et sic, omnis morbus cui confert potio vel dieta, in quantum hujus, debet per solos medicos procurari; et solus morbus cui confert operatio manualis, in quantum hujus, debet a solis cyrurgicis procurari; et omnes morbi quibus conferunt utrique modi operandi, in quantum hujus, debent ab utrisque communiter procurari. Et quia, nec medici, nec cyrurgici, predictis limitatibus sunt contenti; imo, medici volunt omnes et singulas [curas], indifferenter, avide deglutire; et cyrurgici invitantur subtrahere medicis curas suas, — inde est quod populus gentium Occidentis, quamvis in alteris partibus non sit ita, super predictis merito indignatus, decrevit quo modo contrario supra dicto de egritudinibus procurandis; videlicet quod morbos omnes exterius apparentes, ubicumque in toto corpore, aut in parte, sicud vulnera, ulcera, apostemata, scabies, morbi mamillarum, emorroydes, impetigo; et similia, et omnes morbos capitis exteriores brachiorum et coxarum, et similia quorum locus potest [as] signari, quamvis nichil appareat exterius de eisdem, ut dolor juncturarum, debilitas visus, surditas, dolor manus, et similia, debent cyrurgici procurare, et quod ad solos cyrurgicos, pro ipsorum curis, ex tunc et in perpetuum, recurratur. Sed, solos morbos qui sunt in intrinseca concha capitis, et non exterius, et illos qui sunt in intrinseco clibano corporis (exceptis adhuc calculo et ydropisi, et similibus aliquibus), decrevit idem populus, solis medicis pertinere, et quod ad ipsos solos, pro curis morborum

hujus, recurratur. Et hæc ordinacio ultima nobis cyrurgicis multum placet; et utinam quod duret per omnia
secula seculorum, et inviolabiliter observetur. Nullus,
ergo, medicorum, hanc portionem tante institutionis,
audeat infringere, aut, ausu temerario, contra ire. Quod
qui [ vis ] fecerit, sententia excommunicationis, ipso
facto, auctoritate domini Papæ, se noverit innodatum,
a qua nullatenus absolvatur, donec veniendo quesitum
veniam a cyrurgicis, fregerit sibi coxam.

. . . . . . . . . . . . . . . . . .

Et sicud predictum est quod Salvator noster Dominus, Jhesus Christus, officium cyrurgicum, propriis
manibus exercendo, voluit cyrurgicos honorare, ita et
eodem modo Princeps serenissimus, Rex Francorum.
ipsos et eorum statum honorat, qui curat scrophulas
solo tactu. Et, similiter, sicut predictum est quod ipsemet Salvator in Ecclesiaste præcepit ab aliis cyrurgicos
honorari  ita patet in gestis et chronicis Romanorum,
quod Imperatores omnes, propter necessitatem Reipu-
blicæ, habuerunt cyrurgicos in magna reverentia et
honore, præceperunt quod ipsos honorari, et artificibus
aliis anteponi, quoniam ipsi soli in humanis corporibus
operantur. Et ideo, statutum fuit ipsis certum salarium
*a communi*, scilicet de vino blando, carnibus, et ceteris,
de certa pecunia numerata, sicud scriptum est in libris
de gestis, et in historiis summorum Pontificorum et
Imperatorum romanorum. Statuerunt quod ipsos im-
munes, liberos, et exemptos ab omnibus collectis, sub-
ventionibus, exactionibus, et ab omnibus servitiis communibus, ut a reparationibus murorum, fossatorum,
viarum et a custodia nocturna civitatum, et similibus
aliis quibuscumque. Concesserunt quod ipsis 26 nobilis-

síma privilegia sive *particula* quæ in legibus eorum con-
tinentur , quæ ego feci queri , elici , et conscribi per
quemdam patientem meum , legum optimum professo-
rem. Et vocabantur majores cyrurgicorum sicud cyrurgici
sacri Palatii Principis, aliorum examinatores, communiter
a vulgo *archiatri*, ab *archos*, quod est *princeps* , sicud
patet Codice  de professoribus et medicis.

# NOTICE BIBLIOGRAPHIQUE

## SUR HENRI DE MONDEVILLE.

BIBLIOTHECA HOENDORFIANA , ou Catalogue de la bibliothèque
du baron de Hoendorf; La Haye, 1720 , in-8°. ;
2 vol. ordinairement réunis ; t. iij, p. 274.

BIOGRAPHIE UNIVERSELLE; Paris., 1833, in-8°. — Article
*Hermondaville*. Erreurs à chaque ligne.

BIOGRAPHIE UNIVERSELLE, de Michaud, 1817 et 1857. Article
*Hermondaville*. Il n'est guère possible d'accumuler
plus d'erreurs dans aussi peu de lignes. On assure
gravement qu'il ne nous reste plus rien du livre du
chirurgien de Philippe-le-Bel.

CANGE (Du). Glossarium , augmenté par les Bénédictins ,
avec tous les suppléments de D. Carpentier; Paris ,
1840 , in-4°. Article *Archiatri*.

CATALOGUS codicum manuscriptorum Bibliothecæ regiæ ; Paris,
1744 , in-folio.

Catalogus librorum manuscriptorum Angliæ et Hiberniæ;
Oxoniæ. 1697, in-folio; t. ij, p. 110.

Chauliac (Guy de). Ars chirurgica, avec la Chirurgie de
Brunus, Théodoric, Roland, Lanfranc, Bertapalia,
Roger et Guillaume de Salicet; Venetiis, 1546,
in-4°., *passim*.

Chomel. Essais historiques sur la médecine en France;
Paris, 1762, in-8°.

Cocchi (Antoine). Lettera critica sopra un manoscritto in
cera, etc.; Florence, 1746, in-4°. de 84 pages.
— Discorsi Toscani; Firenze, 1761, in-8°., 2e. partie,
p. 189.

Daunou. Discours sur l'état des lettres au XIIIe. siècle
( Histoire littéraire de la France, t. XVI).

De Vaux. Index funereus cyrurgicorum Parisiensium; in-12,
*passim*.

Eloy. Dictionnaire hist. de la médecine; Paris, 1755, in-8°.

Haller. Bibliotheca chirurgica; Bâle, 1774, in-4°., t. I, p. 152.

Hazon. Notice des hommes les plus célèbres de la Faculté de
médecine de Paris; 1778, in-4°.
— Éloge historique de la Faculté de médecine de Paris;
1773, in-4°.

Joubert (Laurent). Guy de Chauliac, Chirurgia Magna cum
notis Laurentis Jouberti; Lyon, 1585, in-4°., p.431.

Journal étranger; octobre 1757, p. 4.

Lajard (Félix). Dans son Étude sur Roger de Parme (Hist.
littér. de la France, t. XXI, p. 519), cet écrivain
cite Henri Hermondaville, dont on nous promet une
histoire.

Malgaigne. OEuvres complètes d'Ambroise Paré; Paris, 1840,
in-4°.; Introduction, p. LI.

Marchand (Prosper). Dictionnaire historique; Paris, 1758,
in-folio. Deux volumes ordinairement réunis.
Article *Mondeville*. Notice fort intéressante.

Mémoire contre le sieur de La Peyronie, premier chirurgien
du roi; Paris, 1746, in-4°., p. 6 et suiv.

MONTFAUCON (B. de). Bibliotheca Bibliothecarum manuscriptorum ; Paris, 1739, in-folio, t. ij, p. 754, 760, 1136.

NAUDÉ (Gabriel ). De antiquitate et dignitate scholæ medicinæ Parisiensis Panegyris ; 1627, in-8°.

PETIT-RADEL. Dictionnaire de chirurgie (Encyclopédie méthodique) ; Paris, 1790, in-4°. Article *Hermondaville*.

PEYRONIE ( La). Mémoire contre la Faculté de médecine de Paris ; 1746, in-4°., p. 33 et suiv.

PORTAL. Histoire de l'anatomie et de la chirurgie ; Paris, 1770, in-8°., t. I, p. 199 et suiv.

PRAET (Van). Inventaire ou Catalogue des livres de l'ancienne bibliothèque du Louvre, fait en l'année 1373, par Gilles Mallet ; Paris, 1836. in-8°., nᵒˢ. 393, 1103 et 1112.

QUESNAY. Histoire de l'origine et des progrès de la chirurgie en France ; Paris, 1749, in-12, t. I, p. 67.

RIOLAN (V.-C.-J.). Curieuses recherches sur les écoles en médecine de Paris et de Montpellier, etc. ; Paris, 1651, in-8°., *passim*.

CAEN, TYP. DE A. HARDEL.